জাপান যাত্রী

রবীন্দ্রনাথ ঠাকুর

জাপান যাত্রী রবীন্দ্রনাথ ঠাকুর

সূচী

১ 3
২ 6
৩ 9
৪ 15
৫ 20
৬ 22
৭ 25
৮ 29
৯ 33
১০ 36
১১ 40
১২ 46
১৩ 49
১৪ 58
১৫ 67

2

১

বোম্বাই থেকে যতবার যাত্রা করেছি জাহাজ চলতে দেরি করে নি। কলকাতার জাহাজে যাত্রার আগের রাত্রে গিয়ে বসে থাকতে হয়। এটা ভালো লাগে না। কেননা, যাত্রা করবার মানেই মনের মধ্যে চলার বেগ সঞ্চয় করা। মন যখন চলবার মুখে তখন তাকে দাঁড় করিয়ে রাখা, তার এক শক্তির সঙ্গে তার আর-এক শক্তির লড়াই বাধানো। মানুষ যখন ঘরের মধ্যে জমিয়ে বসে আছে তখন বিদায়ের আয়োজনটা এইজন্যেই কষ্টকর; কেননা, থাকার সঙ্গে যাওয়ার সন্ধিস্থলটা মনের পক্ষে মুশকিলের জায়গা--সেখানে তাকে দুই উলটো দিক সামলাতে হয়, সে একরকমের কঠিন ব্যায়াম।

বাড়ির লোকেরা সকলেই জাহাজে চড়িয়ে দিয়ে বাড়ি ফিরে গেল, বন্ধুরা ফুলের মালা গলায় পরিয়ে দিয়ে বিদায় দিলে, কিন্তু জাহাজ চলল না। অর্থাৎ, যারা থাকবার তারাই গেল, আর যেটা চলবার সেটাই স্থির হয়ে রইল; বাড়ি গেল সরে, আর তরী রইল দাঁড়িয়ে।

বিদায়মাত্রেরই একটা ব্যথা আছে; সে ব্যথাটার প্রধান কারণ এই, জীবনে যা-কিছুকে সবচেয়ে নির্দিষ্ট করে পাওয়া গেছে তাকে অনির্দিষ্টের আড়ালে সমর্পণ করে যাওয়া। তার বদলে হাতে হাতে আর-একটা কিছুকে পাওয়া না গেলে এই শূন্যতাটাই মনের মধ্যে বোঝা হয়ে দাঁড়ায়। সেই পাওনাটা হচ্ছে অনির্দিষ্টকে ক্রমে ক্রমে নির্দিষ্টের ভাণ্ডারের মধ্যে পেয়ে চলতে থাকা। অপরিচয়কে ক্রমে ক্রমে পরিচয়ের কোঠার মধ্যে ভুক্ত করে নিতে থাকা। সেইজন্যে যাত্রার মধ্যে যে দুঃখ আছে চলাটাই হচ্ছে তার ওষুধ। কিন্তু , যাত্রা করলুম অথচ চললুম না, এটা সহ্য করা শক্ত।

অচল জাহাজের ক্যাবিন হচ্ছে বন্ধনদশার দ্বিগুণ-চোলাই-করা কড়া আরক। জাহাজ চলে বঞ্চলেই তার কামরার সংকীর্ণতাকে আমরা ক্ষমা করি। কিন্তু, জাহাজ যখন স্থির থাকে তখন ক্যাবিনে স্থির থাকা, মৃত্যুর ঢাকনাটার নীচে আবার গোরের ঢাকনার মতো।

ডেকের উপরেই শোবার ব্যবস্থা করা গেল। ইতিপূর্বে অনেকবার জাহাজে চড়েছি, অনেক কাপ্তেনের সঙ্গে ব্যবহার করেছি। আমাদের এই জাপানি কাপ্তেনের একটু বিশেষত্ব আছে। মেলামেশায় ভালোমানুষিতে হঠাৎ মনে হয় ঘোরো লোকের মতো। মনে হয়, এঁকে অনুরোধ করে যা-খুশি তাই করা যেতে পারে; কিন্তু কাজের বেলায় দেখা যায় নিয়মের লেশমাত্র নড়চড় হবার জো নেই। আমাদের সহযাত্রী ইংরেজ বন্ধু ডেকের উপরে তাঁর ক্যাবিনের গদি আনবার চেষ্টা

করেছিলেন, কিন্তু কর্তৃপক্ষের ঘাড় নড়ল, সে ঘটে উঠল না। সকালে ব্রেকফাস্টের সময় তিনি যে-টেবিলে বসেছিলেন সেখানে পাখা ছিল না ; আমাদের টেবিলে জায়গা ছিল, সেই দেখে তিনি আমাদের টেবিলে বসবার ইচ্ছা জানালেন। অনুরোধটা সামান্য, কিন্তু কাপ্তেন বললেন, এ বেলাকার মতো বন্দোবস্ত হয়ে গেছে, ডিনারের সময় দেখা যাবে। আমাদের টেবিলে চৌকি থালি রইল, কিন্তু তবু নিয়মের ব্যত্যয় হল না। বেশ বোঝা যাচ্ছে অতি অল্পমাত্রও ঢিলেঢালা কিছু হতে পারবে না।

রাত্রে বাইরে শোওয়া গেল, কিন্তু এ কেমনতরো বাইরে? জাহাজের মাস্তুলে মাস্তুলে আকাশটা যেন ভীষ্মের মতো শরশয্যায় শুয়ে মৃত্যুর অপেক্ষা করছে। কোথাও শূন্যরাজ্যের ফাঁকা নেই। অথচ বস্তুরাজ্যের স্পষ্টতাও নেই। জাহাজের আলোগুলো মস্ত একটা আয়তনের সূচনা করেছে, কিন্তু কোনো আকারকে দেখতে দিচ্ছে না।

কোনো একটি কবিতায় প্রকাশ করেছিলুম যে আমি নিশীথরাত্রির সভাকবি। আমার বরাবর এ কথাই মনে হয়ে যে, দিনের বেলাটা মর্ত্যলোকের, আর রাত্রিবেলাটা সুরলোকের। মানুষ ভয় পায়, মানুষ কাজকর্ম করে, মানুষ তার পায়ের কাছের পথটা স্পষ্ট করে দেখতে চায়, এইজন্যে এতবড়ো একটা আলো জ্বালতে হয়েছে। দেবতার ভয় নেই, দেবতার কাজ নিঃশব্দে গোপনে, দেবতার চলার সঙ্গে স্তব্ধতার কোনো বিরোধ নেই, এইজন্যেই অসীম অন্ধকার দেবসভার আস্তরণ। দেবতা রাত্রেই আমাদের বাতায়নে এসে দেখা দেন।

কিন্তু, মানুষের কারখানা যখন আলো জ্বালিয়ে সেই রাত্রিকেও অধিকার করতে চায় তখন কেবল যে মানুষই ক্লিষ্ট হয় তা নয়, দেবতাকেও ক্লিষ্ট করে তোলে। আমরা যখন থেকে বাতি জ্বেলে রাত জেগে এগ্‌জামিন পাস করতে প্রবৃত্ত হয়েছি তখন থেকে সূর্যের আলোয় সুস্পষ্ট নির্দিষ্ট নিজের সীমানা লঙ্ঘন করতে লেগেছি,তখন থেকেই সুর-মানবের যুদ্ধ বেধেছে। মানুষের কারখানা-ঘরের চিমনিগুলো ফুঁ দিয়ে দিয়ে নিজের অন্তরের কালিকে দ্যুলোকে বিস্তার করছে, সে অপরাধ তেমন গুরুতর নয়--কেননা, দিনটা মানুষের নিজের, তার মুখে সে কালি মাখালেও দেবতা তা নিয়ে নালিশ করবেন না। কিন্তু, রাত্রির অখণ্ড অন্ধকারকে মানুষ যখন নিজের আলো দিয়ে ফুটো করে দেয় তখন দেবতার অধিকারে সে হস্তক্ষেপ করে। সে যেন নিজের দখল অতিক্রম করে আলোকের খুঁটি গেড়ে দেবলোকে আপন সীমানা চিহ্নিত করতে চায়।

সেদিন রাত্রে গঙ্গার উপরে সেই দেববিদ্রোহের বিপুল আয়োজন দেখতে পেলুম। তাই মানুষের ক্লান্তির উপর সুরলোকের শান্তির আশীর্বাদ দেখা গেল না। মানুষ বলতে চাচ্ছে, আমিও দেবতার

মতো, আমার ক্লান্তি নেই। কিন্তু সেটা মিথ্যা কথা, এইজন্যে সে চারিদিকের শান্তি নষ্ট করছে। এইজন্যে অন্ধকারকেও সে অশুচি করে তুলেছে।

দিন আলোকের দ্বারা আবিল, অন্ধকারই পরম নির্মল। অন্ধকার রাত্রি সমুদ্রের মতো ; তা অঞ্জনের মতো কালো, কিন্তু তবু নিরঞ্জন। আর দিন নদীর মতো; তা কালো নয়, কিন্তু পঙ্কিল। রাত্রির সেই অতলস্পর্শ অন্ধকারকেও সেদিন সেই খিদিরপুরের জেটির উপর মলিন দেখলুম। মনে হল, দেবতা স্বয়ং মুখ মলিন করে রয়েছেন।

এমনি খারাপ লেগেছিল এডেনের বন্দরে। সেখানে মানুষের হাতে বন্দী হয়ে সমুদ্রও কলুষিত। জলের উপরে তেল ভাসছে, মানুষের আবর্জনাকে স্বয়ং সমুদ্রও বিলুপ্ত করতে পারছে না। সেই রাত্রে জাহাজের ডেকের উপর শুয়ে অসীম রাত্রিকেও যখন কলঙ্কিত দেখলুম তখন মনে হল, একদিন ইন্দ্রলোক দানবের আক্রমণে পীড়িত হয়ে ব্রহ্মার কাছে নালিশ জানিয়েছিলেন--আজ মানবের অত্যাচার থেকে দেবতাদের কোন্ রুদ্র রক্ষা করবেন।

২

জাহাজ ছেড়ে দিলে। মধুর বহিছে বায়ু, ভেসে চলি রঙ্গে।

কিন্তু এর রঙ্গটা কেবলমাত্র ভেসে চলার মধ্যেই নয়। ভেসে চলার একটি বিশেষ দৃষ্টি ও সেই বিশেষ দৃষ্টির বিশেষ রস আছে। যখন হেঁটে চলি তখন কোনো অখণ্ড ছবি চোখে পড়ে না। ভেসে চলার মধ্যে দুই বিরোধের পূর্ণ সামঞ্জস্য হয়েছে--বসেও আছি, চলছিও। সেইজন্যে চলার কাজ হচ্ছে, অথচ চলার কাজে মনকে লাগাতে হচ্ছে না। তাই মন যা সামনে দেখছে তাকে পূর্ণ করে দেখছে। জল স্থল-আকাশের সমস্তকে এক করে মিলিয়ে দেখতে পাচ্ছে।

ভেসে চলার মধ্যে দিয়ে দেখার আর একচা গুণ হচ্ছে এই যে, তা মনোযোগকে জাগ্রত করে, কিন্তু মনোযোগকে বদ্ধ করে না। না দেখতে পেলেও চলত, কোনো অসুবিধে হত না, পথ ভুলতুম না, গর্তয় পড়তুম না। এইজন্যে ভেসে চলার দেখাটা হচ্ছে নিতান্তই দায়িত্ববিহীন দেখা ; দেখাটাই তার চরম লক্ষ্য, এইজন্যেই এই দেখাটা এমন বৃহৎ, এমন আনন্দময়।

এতদিনে এইটুকু বোঝা গেছে যে, মানুষ নিজের দাসত্ব করতে বাধ্য, কিন্তু নিজের সম্বন্ধেও দায়ে-পড়া কাজে তার প্রীতি নেই। যখন চলাটাকেই লক্ষ্য করে পায়চারি করি তখন সেটা বেশ; কিন্তু যখন কোথাও পৌছবার দিকে লক্ষ্য করে চলতে হয় তখন সেই চলার বাধ্যতা থেকে মুক্তি পাওয়ার শক্তিতেই মানুষের সম্পদ প্রকাশ পায়। ধন জিনিসটার মানেই এই, তাতে মানুষের প্রয়োজন কমায় না কিন্তু নিজের প্রয়োজন সম্বন্ধে তার নিজের বাধ্যতা কমিয়ে দেয়। খাওয়া-পরা দেওয়া-নেওয়ার দরকার তাকে মেটাতেই হয়, কিন্তু তার বাইরে যেখানে তার উদ্বৃত্ত সেইখানেই মানুষ মুক্ত, সেইখানেই সে বিশুদ্ধ নিজের পরিচয় পায়। সেইজন্যেই ঘটিবাটি প্রভৃতি দরকারি জিনিসকেও মানুষ সুন্দর করে গড়ে তুলতে চায়; কারণ, ঘটিবাটির উপযোগিতা মানুষের প্রয়োজনের পরিচয় মাত্র কিন্তু তার সৌন্দর্যে মানুষের নিজেরই রুচির, নিজেরই আনন্দের পরিচয়। ঘটিবাটির উপযোগিতা বলছে, মানুষের দায় আছে; ঘটিবাটির সৌন্দর্য বলছে, মানুষের আত্মা আছে।

আমার না হলেও চলত, কেবল আমি ইচ্ছা করে করছি এই যে মুক্ত কর্তৃত্বের ও মুক্ত ভোক্তৃত্বের অভিমান, যে অভিমান বিশ্বস্রষ্টার এবং বিশ্বরাজ্যেশ্বরের, সেই অভিমানই মানুষের সাহিত্যে এবং আর্টে। এই রাজ্যটি মুক্ত মানুষের রাজ্য, এখানে জীবনযাত্রার দায়িত্ব নেই।

আজ সকালে যে প্রকৃতি সবুজ পাড়-দেওয়া গেরুয়া নদীর শাড়ি প'রে আমার সামনে দাঁড়িয়েছে আমি তাকে দেখছি। এখানে আমি বিশুদ্ধ দ্রষ্টা। এই দ্রষ্টা আমিটি যদি নিজেকে ভাষায় বা রেখায় প্রকাশ করত তা হলে সেইটেই হত সাহিত্য, সেইটেই হত আর্ট। খামকা বিরক্ত হয়ে এমন কথা কেউ বলতে পারে, "তুমি দেখছ তাতে আমার গরজ কী। তাতে আমার পেটও ভরবে না, আমার ম্যালেরিয়াও ঘুচবে না, তাতে আমার খসল-খেতে বেশি করে ফসল ধরবার উপায় হবে না।" ঠিক কথা। আমি যে দেখছি এতে তোমার কোনো গরজ নেই। অথচ আমি যে শুদ্ধমাত্র দ্রষ্টা, এ সম্বন্ধে বস্তুতই যদি তুমি উদাসীন হও তা হলে জগতে আর্ট এবং সাহিত্য-সৃষ্টির কোনো মানে থাকে না।

আমাকে তোমরা জিজ্ঞাসা করতে পার, "আজ এতক্ষণ ধরে তুমি যে লেখাটা লিখছ ওটাকে কী বলবে। সাহিত্য, না তত্ত্বালোচনা?"

নাই বললুম তত্ত্বালোচনা। তত্ত্বালোচনায় যে-ব্যক্তি আলোচনা করে সে প্রধান নয়, তত্ত্বটাই প্রধান। সাহিত্যে সেই ব্যক্তিটাই প্রধান, তত্ত্বটা উপলক্ষ। এই-যে সাদা মেঘের ছিটে- দেওয়া নীল আকাশের নীচে শ্যামল-ঐশ্বর্যময়ী ধরণীর আঙিনার সামনে দিয়ে সন্ন্যাসী জলের স্রোত উদাসি হয়ে চলেছে, তার মাঝখানে প্রধানত প্রকাশ পাচ্ছে দ্রষ্টা আমি। যদি ভূতত্ত্ব বা ভূবৃত্তান্ত প্রকাশ করতে হত তা হলে এই আমিকে সরে দাঁড়াতে হত। কিন্তু, এক আমির পক্ষে আর-এক আমির অহেতুক প্রয়োজন আছে, এইজন্য সময় পেলেই আমরা ভূতত্ত্বকে সরিয়ে রেখে সেই আমির সন্ধান করি।

তেমনি করেই কেবলমাত্র দৃশ্যের মধ্যে নয়, ভাবের মধ্যেও যে ভেসে চলেছে সেও সেই দ্রষ্টা আমি। সেখানে যা বলছে সেটা উপলক্ষ, যে বলছে সেই লক্ষ্য। বাহিরের বিশ্বের রূপধারায় দিকেও আমি যেমন তাকাতে তাকাতে চলেছি, আমার অন্তরের চিন্তাধারা ভাবধারার দিকেও আমি তেমনি চিত্তদৃষ্টি দিয়ে তাকাতে তাকাতে চলেছি। এই ধারা কোনো বিশেষ কর্মের বিশেষ প্রয়োজনের সূত্রে বিধৃত নয়। এই ধারা প্রধানত লজিকের দ্বারাও গাঁথা নয়, এর গ্রন্থনসূত্র মুখ্যত আমি। সেইজন্যে আমি কেয়ারমাত্র করি নে, সাহিত্য সম্বন্ধে বক্ষ্যমাণ রচনাটিকে লোক পাকা ব'লে গ্রহণ করিবে কি না। বিশ্বলোকে এবং চিত্তলোকে "আমি দেখছি' এই অনাবশ্যক আনন্দের কথাটা বলাই হচ্ছে আমার কাজ। এই কথটা যদি ঠিক করে বলতে পারি তা হলে অন্য সকল আমির দলও বিনা প্রয়োজনে খুশি হয়ে উঠবে।

উপনিষদে লিখছে, এক ডালে দুই পাখি আছে,তার মধ্যে এক পাখি খায় আর এক পাখি দেখে। যে-পাখি দেখছে তারই আনন্দ বড়ো আনন্দ। কেননা, তার সে বিশুদ্ধ আনন্দ, মুক্ত আনন্দ। মানুষের নিজের মধ্যেই এই দুই পাখি আছে। এক পাখির প্রয়োজন আছে, আর-এক পাখির প্রয়োজন নেই। এক পাখি ভোগ করে, আর-এক পাখি দেখে। যে-পাখি ভোগ করে সে নির্মাণ করে, যে-পাখি দেখে সে সৃষ্টি করে। নির্মাণ করা মানে মাপে তৈরি করা, অর্থাৎ যেটা তৈরি হচ্ছে সেইটেই চরম নয়, সেইটেকে অন্য কিছুর মাপে তৈরি করা--নিজের প্রয়োজনের মাপে বা অন্যের প্রয়োজনের মাপে। আর, সৃষ্টি করা অন্য কোনো-কিছুর মাপের অপেক্ষা করে না, সে হচ্ছে নিজেকে সর্জন করা, নিজেকেই প্রকাশ করা। এইজন্য ভোগী পাখি যে-সমস্ত উপকরণ নিয়ে কাজ করছে তা প্রধানত বাইরের উপকরণ, আর দ্রষ্টা পাখির উপকরণ হচ্ছে আমি-পদার্থ। এই আমির প্রকাশই সাহিত্য, আর্ট। তার মধ্যে কোনো দায়ই নেই, কর্তব্যের দায়ও না।

পৃথিবীতে সবচেয়ে বড়ো রহস্য--দেখবার বস্তুটি নয় , যে দেখে সেই মানুষটি। এই রহস্য আপনি আপনার ইয়ত্তা পাচ্ছে না ; হাজার হাজার অভিজ্ঞতার ভিতর দিয়ে আপনাকে দেখতে চেষ্টা করছে। যা কিছু ঘটছে এবং যা-কিছু ঘটতে পারে, সমস্তর ভিতর দিয়ে নিজেকে বাজিয়ে দেখছে।

এই-যে আমার এক আমি, এ বহুর মধ্যে দিয়ে চ'লে চ'লে নিজেকে নিত্য উপলব্ধি করতে থাকে। বহুর সঙ্গে মানুষের সেই একের মিলনজাত রসের উপলব্ধিই হচ্ছে সাহিত্যের সামগ্রী। অর্থাৎ, দৃষ্ট বস্তু নয়, দ্রষ্টা আমিই তার লক্ষ্য।

২০ বৈশাখ ১৩২৩। তোসামারু জাহাজ

৩

বৃহস্পতিবার বিকেলে সমুদ্রের মোহানায় পাইলট নেবে গেল। এর কিছু আগে থাকতেই সমুদ্রের রূপ দেখা দিয়েছে। তার কূলের বেড়ি খসে গেছে। কিন্তু, এখনো তার মাটির রঙ ঘোচে নি। পৃথিবীর চেয়ে আকাশের সঙ্গেই যে তার আত্মীয়তা বেশি, সে-কথা এখনো প্রকাশ হয় নি; কেবল দেখা গেল জলে আকাশে এক দিগন্তের মালা বদল করেছে। যে ঢেউ দিয়েছে, নদীর ঢেউয়ের ছন্দের মতো তার ছোটো ছোটো পদবিভাগ নয় ; এ যেন মন্দাক্রান্তা, কিন্তু এখনো সমুদ্রের শার্দূলবিক্রীড়িত শুরু হয় নি।

আমাদের জাহাজের নীচের তলার ডেকে অনেকগুলি ডেক্-প্যাসেঞ্জার ; তাদের অধিকাংশ মাদ্রাজি, এবং তারা প্রায় সকলেই রেঙ্গুনে যাচ্ছে। তাদের 'পরে এই জাহাজের লোকের ব্যবহারে কিছুমাত্র কঠোরতা নেই, তারা বেশ স্বচ্ছন্দে আছে। জাহাজের ভাণ্ডার থেকে তারা প্রত্যেকে একখানি করে ছবি আঁকা কাগজের পাখা পেয়ে ভারি খুশি হয়েছে।

এরা অনেকেই হিন্দু, সুতরাং এদের পথের কষ্ট ঘোচানো কারো সাধ্য নয়। কোনোমতে আখ চিবিয়ে, চিঁড়ে খেয়ে এদের দিন যাচ্ছে। একটা জিনিস ভারি চোখে লাগে, সে হচ্ছে এই যে, এরা মোটের উপর পরিষ্কার--কিন্তু সেটা কেবল বিধানের গণ্ডির মধ্যে, বিধানের বাইরে এদের নোংরা হবার কোনো বাধা নেই। আখ চিবিয়ে তার ছিবড়ে অতি সহজেই সমুদ্রে ফেলে দেওয়া যায়,কিন্তু সেটুকু কষ্ট নেওয়া এদের বিধানে নেই--যেখানে বসে খাচ্ছে তার নেহাত কাছে ছিবড়ে ফেলছে, এমনি করে চারিদিকে কত আবর্জনা যে জমে উঠছে তাতে এদের ভ্রূক্ষেপ নেই; সবচেয়ে আমাকে পীড়া দেয় যখন দেখি থুথু ফেলা সম্বন্ধে এরা বিচার করে না। অথচ, বিধান অনুসারে শুচিতা রক্ষা করবার বেলায় নিতান্ত সামান্য বিষয়েও এরা অসামান্য রকম কষ্ট স্বীকার করে। আচারকে শক্ত করে তুললে বিচারকে ঢিলে করতেই হয়। বাইরে থেকে মানুষকে বাঁধলে মানুষ আপনাকে আপনি বাঁধবার শক্তি হারায়।

এদের মধ্যে কয়েকজন মুসলমান আছে ; পরিস্কার হওয়া সম্বন্ধে তারা যে বিশেষ সতর্ক তা নয়, কিন্তু পরিচ্ছন্নতা সম্বন্ধে তাদের ভারি সতর্কতা। ভালো কাপড়টি প'রে টুপিটি বাগিয়ে তারা সর্বদা প্রস্তুত থাকতে চায়। একটুমাত্র পরিচয় হলেই অথবা না হলেও তারা দেখা হলেই প্রসন্নমুখে সেলাম করে। বোঝা যায়, তারা বাইরের সংসারটাকে মানে। কেবলমাত্র নিজের জাতের গণ্ডির মধ্যে যারা থাকে তাদের কাছে সেই গণ্ডির বাইরেকার লোকালয় নিতান্ত ফিকে। তাদের সমস্ত বাঁধাবাঁধি জাতরক্ষার বন্ধন। মুসলমান জাতে বাঁধা নয় ব'লে বাহিরের সংসারের সঙ্গে তার ব্যবহারের বাঁধাবাঁধি আছে। এইজন্যে আদবকায়দা মুসলমানের। আদবকায়দা হচ্ছে সমস্ত

মানুষের সঙ্গে ব্যবহারের সাধারণ নিয়ম। মনুতে পাওয়া যায়, মা মাসি মামা পিসের সঙ্গে কী রকম ব্যবহার করতে হবে, গুরুজনের গুরুত্বের মাত্রা কার কতদুর, ব্রাহ্মণ ক্ষত্রিয় বৈশ্য শূদ্রের মধ্যে পরস্পরের ব্যবহার কী রকম হবে, কিন্তু সাধারণভাবে মানুষের সঙ্গে মানুষের ব্যবহার কী রকম হওয়া উচিত তার বিধান নেই। এইজন্যে সম্পর্কবিচার ও জাতিবিচারের বাইরে মানুষের সঙ্গে ভদ্রতা রক্ষার জন্যে, পশ্চিম-ভারত মুসলমানের কাছ থেকে সেলাম শিক্ষা করেছে। কেননা, প্রণাম-নমস্কারের সমস্ত বিধি কেবল জাতের মধ্যেই খাটে। বাহিরের সংসারটাকে ইতিপূর্বে আমরা অস্বীকার করে চলেছিলুম বলেই সাজসজ্জা সম্বন্ধে পরিচ্ছন্নতা, হয় আমরা মুসলমানের কাছ থেকে নিয়েছি নয় ইংরেজের কাছ থেকে নিচ্ছি ; ওটাতে আমাদের আরাম নেই। সেইজন্যে ভদ্রতার সাজ সম্বন্ধে আজ পর্যন্ত আমাদের পাকাপাকি কিছুই ঠিক হল না। বাঙালি ভদ্রসভায় সাজসজ্জার যে এমন অদ্ভুত বৈচিত্র্য, তার কারণই এই। সব সাজই আমাদের সাজ। আমাদের নিজের সাজ, মণ্ডলীর ভিতরকার সাজ ; সুতরাং বাহিরের সংসারের হিসাবে সেটা বিবসন বললেই হয়--অন্তঃপুরের মেয়েদের বসনটা যেরকম, অর্থাৎ দিগ্‌বসনের সুন্দর অনুকরণ। বাইরের লোকের সঙ্গে আমরা ভাই খুড়ো দিদি মাসি প্রভৃতি কোনো একটা সম্পর্ক পাতাবার জন্যে ব্যস্ত থাকি ; নইলে আমরা থই পাই নে। হয় অত্যন্ত ঘনিষ্ঠতা নয় অত্যন্ত দূরত্ব, এর মাঝখানে যে একটা প্রকাণ্ড জায়গা আছে সেটা আজও আমাদের ভালো করে আয়ত্ত হয় নি। এমন কি, সেখানকার বিধিবন্ধনকে আমরা হৃদ্যতার অভাব বলে নিন্দা করি। এ কথা ভুলে যাই, যে-সব মানুষকে হৃদয় দিতে পারি নে তাদেরও কিছু দেবার আছে। এই দানটাকে আমরা কৃত্রিম বলে গাল দিই, কিন্তু জাতের কৃত্রিম খাঁচার মধ্যে মানুষ ব'লেই এই সাধারণ আদবকায়দাকে আমাদের কৃত্রিম বলে ঠেকে। বস্তুত, ঘরের মানুষকে আত্মীয় ব'লে এবং তার বাইরের মানুষকে আপন সমাজের ব'লে এবং তারও বাইরের মানুষকে মানবসমাজের ব'লে স্বীকার করা মানুষের পক্ষে স্বাভাবিক। হৃদয়ের বন্ধন, শিষ্টাচারের বন্ধন, এবং আদবকায়দার বন্ধন--এই তিনই মানুষের প্রকৃতিগত।

কাপ্তেন বলে রেখেছেন, আজ সন্ধ্যাবেলায় ঝড় হবে, ব্যারোমিটার নাবছে।। কিন্তু, শান্ত আকাশে সূর্য অস্ত গেল। বাতাসে যে পরিমাণ বেগ থাকলে তাকে মন্দপবন বলে, অর্থাৎ যুবতীর মন্দগমনের সঙ্গে কবিরা তুলনা করতে পারে, এ তার চেয়ে বেশি; কিন্তু ঢেউগুলোকে নিয়ে রুদ্রতালের করতাল বাজাবার মতো আসর জমে নি, যেটুকু খোলের বোল দিচ্ছে তাতে ঝড়ের গৌরচন্দ্রিকা বলেও মনে হয় নি। মনে করলুম, মানুষের কুষ্ঠির মতো বাতাসের কুষ্ঠি গণনার সঙ্গে ঠিক মেলে না, এ যাত্রা ঝড়ের ফাঁড়া কেটে গেল। তাই পাইলটের হাতে আমাদের ডাঙার চিঠিপত্র সমর্পণ করে দিয়ে প্রসন্ন সমুদ্রকে অভ্যর্থনা করবার জন্যে ডেক-চেয়ার টেনে নিয়ে পশ্চিমমুখো হয়ে বসলুম।

হোলির রাত্রে হিন্দুস্থানি দারোয়ানদের খচমচির মতো বাতাসের লয়টা ক্রমেই দ্রুত হয়ে উঠল। জলের উপর সূর্যাস্তের আলপনা-আঁকা আসনটি আচ্ছন্ন ক'রে নীলাম্বরীর ঘোমটা-পরা সন্ধ্যা এসে বসল। আকাশে তখনো মেঘ নেই, আকাশসমুদ্রের ফেনার মতোই ছায়াপথ জ্বল্‌জ্বল্‌ করতে লাগল।

ডেকের উপর বিছানা করে যখন শুলুম তখন বাতাসে এবং জলে বেশ একটা কবির লড়াই চলছে; একদিকে সোঁ সোঁ শব্দে তান লাগিয়েছে, আর-একদিকে ছল্‌ছল্‌ শব্দে জবাব দিচ্ছে, কিন্তু ঝড়ের পালা বলে মনে হল না। আকাশের তারাদের সঙ্গে চোখোচোখি করে কখন এক সময়ে চোখ বুঝে এল।

রাত্রে স্বপ্ন দেখলুম, আমি যেন মৃত্যু সম্বন্ধে কোনো একটি বেদমন্ত্র আবৃত্তি করে সেইটে কাকে বুঝিয়ে বলছি। আশ্চর্য তার রচনা, যেন একটা বিপুল আর্তস্বরের মতো, অথচ তার মধ্যে মরণের একটা বিরাট বৈরাগ্য আছে। এই মন্ত্রের মাঝখানে জেগে উঠে দেখি, আকাশ এবং জল তখন উন্মত্ত হয়ে উঠেছে। সমুদ্র চামুণ্ডার মতো ফেনার জিব মেলে প্রচণ্ড অট্টহাস্যে নৃত্য করছে।

আকাশের দিকে তাকিয়ে দেখি, মেঘগুলো মরিয়া হয়ে উঠেছে, যেন তাদের কাণ্ডজ্ঞান নেই-- বলছে, যা থাকে কপালে। আর, জলে যে বিষম গর্জন উঠছে তাতে মনের ভাবনাও যেন শোনা যায় না, এমনি বোধ হতে লাগল। মাল্লারা ছোটো ছোটো লন্ঠন হাতে ব্যস্ত হয়ে এদিকে ওদিকে চলাচল করছে, কিন্তু নিঃশব্দে। মাঝে মাঝে এঞ্জিনের প্রতি কর্ণধারের সংকেত ঘণ্টাধ্বনি শোনা যাচ্ছে।

এবার বিছানায় শুয়ে ঘুমোবার চেষ্টা করলুম। কিন্ত, বাইরে জল-বাতাসের গর্জন আর আমার মনের মধ্যে সেই স্বপ্নলব্ধ মরণমন্ত্র ক্রমাগত বাজতে লাগল। আমার ঘুমের সঙ্গে জাগরণ ঠিক যেন ওই ঝড় এবং ঢেউয়ের মতোই এলোমেলো মাতামাতি করতে থাকল, ঘুমোচ্ছি কি জেগে আছি বুঝতে পারছি না।

রাগী মানুষ কথা কইতে না পারলে যেমন ফুলে ফুলে ওঠে, সকাল-বেলাকার মেঘগুলোকে তেমনি বোধ হল। বাতাস কেবলই শ ষ স, এবং জল কেবলই বাকি অন্তঃস্থ বর্ণ য র ল ব হ নিয়ে চণ্ডীপাঠ বাধিয়ে দিলে, আর মেঘগুলো জটা দুলিয়ে ভ্রূকুটি করে বেড়াতে লাগল। অবশেষে মেঘের বাণী জলধারায় নেবে পড়ল। নারদের বীণাধ্বনিতে বিষ্ণু গঙ্গাধারায় বিগলিত হয়েছিলেন একবার, আমার সেই পৌরাণিক কথা মনে এসেছিল। কিন্তু, এ কোন্‌ নারদ

প্রলয়বীণা বাজাচ্ছে। এর সঙ্গে নন্দীভৃঙ্গীর যে মিল দেখি, আর ওদিকে বিষ্ণুর সঙ্গে রুদ্রের প্রভেদ ঘুচে গেছে।

এ-পর্যন্ত জাহাজের নিত্যক্রিয়া একরকম চলে যাচ্ছে, এমন কি, আমাদের প্রাতরাশেরও ব্যাঘাত হল না। কাপ্তেনের মুখে কোনো উদ্‌বেগ নেই। তিনি বললেন, এই সময়টাতে এমন একটু আধটু হয়ে থাকে ; আমরা যেমন যৌবনের চাঞ্চল্য দেখে বলে যাকি, ওটা বয়সের ধর্ম।

ক্যাবিনের মধ্যে থাকলে ঝুম্‌ঝুমির ভিতরকার কাড়াইগুলোর মতো নাড়া খেতে হবে, তার চেয়ে খোলাখুলি ঝড়ের সঙ্গে মোকাবিলা করাই ভালো। আমরা শাল কম্বল মুড়ি দিয়ে জাহাজের ডেকের উপর গিয়েই বসলুম। ঝড়ের ঝাপট পশ্চিম দিকে থেকে আসছে, সেইজন্যে পূর্বদিকের ডেকে বসা দুঃসাধ্য ছিল না।

ঝড় ক্রমেই বেড়ে চলল। মেঘের সঙ্গে ঢেউয়ের সঙ্গে কোনো ভেদ রইল না। সমুদ্রের সে নীল রঙ নেই, চারিদিক ঝাপসা বিবর্ণ। ছেলেবেলার আরব্য-উপন্যাসে পড়েছিলুম, জেলের জালে যে ঘড়া উঠেছিল তার ঢাকনা খুলতেই তার ভিতর থেকে ধোঁয়ার মতো পাকিয়ে পাকিয়ে প্রকাণ্ড দৈত্য বেরিয়ে পড়ল। আমার মনে হল, সমুদ্রের নীল ঢাকনাটা কে খুলে ফেলেছে, আর ভিতর থেকে ধোঁয়ার মতো লাখো লাখো দৈত্য পরস্পর ঠেলাঠেলি করতে করতে আকাশে উঠে পড়ছে।

জাপানি মাল্লারা ছুটোছুটি করছে কিন্তু তাদের মুখে হাসি লেগেই আছে। তাদের ভাব দেখে মনে হয়, সমুদ্র যেন অট্টহাস্যে জাহাজটাকে ঠাট্টা করছে মাত্র ; পশ্চিম দিকের ডেকের দরজা প্রভৃতি সমস্ত বন্ধ তবু সে-সব বাধা ভেদ করে এক-একবার জলের ঢেউ হুড়মুড় করে এসে পড়ছে, আর তাই দেখে ওরা হো হো করে উঠছে। কাপ্তেন আমাদের বারবার বললেন, ছোটো ঝড়, সামান্য ঝড়। এক সময় আমাদের স্টুয়ারড় এসে টেবিলের উপর আঙুল দিয়ে এঁকে ঝড়ের খাতিরে জাহাজের কী রকম পথ বদল হয়েছে, সেইটে বুঝিয়ে দেবার চেষ্টা করলে। ইতিমধ্যে বৃষ্টির ঝাপটা লেগে শাল কম্বল সমস্ত ভিজে শীতে কাঁপুনি ধরিয়ে দিয়েছে। আর কোথাও সুবিধা না দেখে কাপ্তেনের ঘরে গিয়ে আশ্রয় নিলুম। কাপ্তেনের যে কোনো উৎকণ্ঠা আছে, বাইরে থেকে তার কোনো লক্ষণ দেখতে পেলুম না।

ঘরে আর বসে থাকতে পারলুম না। ভিজে শাল মুড়ি দিয়ে আবার বাইরে এসে বসলুম। এত তুফানেও যে আমাদের ডেকের উপর আছড়ে আছড়ে ফেলছে না তার কারণ, জাহাজ আকণ্ঠ বোঝাই। ভিতরে যার পদার্থ নেই তার মতো দোলায়িত অবস্থা আমাদের জাহাজের নয়। মৃত্যুর

কথা অনেকবার মনে হল। চারিদিকেই তো মৃত্যু, দিগন্ত থেকে দিগন্ত পর্যন্ত মৃত্যু ; আমার প্রাণ এর মধ্যে এতটুকু। এই অতি ছোটোটার উপরেই কি সমস্ত আস্থা রাখব, আর এই এত বড়োটাকে কিছু বিশ্বাস করব না?--বড়োর উপরে ভরসা রাখাই ভালো।

ডেকে বসে থাকা আর চলছে না। নীচে নাবতে গিয়ে দেখি সিঁড়ি পর্যন্ত জুড়ে সমস্ত রাস্তা ঠেসে ভর্তি করে ডেক-প্যাসেঞ্জার বসে। বহু কষ্টে তাদের ভিতর দিয়ে পথ করে ক্যাবিনের মধ্যে গিয়ে শুয়ে পড়লুম। এইবার সমস্ত শরীর মন ঘুলিয়ে উঠল। মনে হল, দেহের সঙ্গে প্রাণের আর বনতি হচ্ছে না ; দুধ মথন করলে মাখনটা যেরকম ছিন্ন হয়ে আসে প্রাণটা যেন তেমনি হয়ে এসেছে। জাহাজের উপরকার দোলা সহ্য করা যায়, জাহাজের ভিতরকার দোলা সহ্য করা শক্ত। কাঁকরের উপর দিয়ে চলা আর জুতার ভিতরে কাঁকর নিয়ে চলার যে তফাত, এ যেন তেমনি। একটাতে মার আছে বন্ধন নেই, আর একটাতে বেঁধে মার।

ক্যাবিনে শুয়ে শুয়ে শুনতে পেলুম, ডেকের উপর কী যেন হুড়মুড় করে ভেঙে ভেঙে পড়ছে। ক্যাবিনের মধ্যে হাওয়া আসবার জন্যে যে ফানেলগুলো ডেকের উপর হাঁ করে নিশ্বাস নেয়, ঢাকা দিয়ে তাদের মুখ বন্ধ করে দেওয়া হয়েছে; কিন্তু ঢেউয়ের প্রবল চোটে তার ভিতর দিয়েও ঝলকে ঝলকে ক্যাবিনের মধ্যে জল এসে পড়ছে। বাইরে উনপঞ্চাশ বায়ুর নৃত্য, অথচ ক্যাবিনের মধ্যে গুমট। একটা ইলেকট্রিক পাখা চলছে তাতে তাপটা যেন গায়ের উপর ঘুরে ঘুরে লেজের ঝাপটা দিতে লাগল।

হঠাৎ মনে হয়, এ একেবারে অসহ্য। কিন্তু, মানুষের মধ্যে শরীর-মন-প্রাণের চেয়েও বড়ো একটা সত্তা আছে। ঝড়ের আকাশের উপরেও যেমন শান্ত আকাশ, তুফানের সমুদ্রের নীচে যেমন শান্ত সমুদ্র, সেই আকাশ সেই সমুদ্রই যেমন বড়ো,মানুষের অন্তরের গভীরে এবং সমুচ্চে সেইরকম একটি বিরাট শান্ত পুরুষ আছে--বিপদ এবং দুঃখের ভিতর দিয়ে তাকিয়ে দেখলে তাকে পাওয়া যায়--দুঃখ তার পায়ের তলায়, মৃত্যু তাকে স্পর্শ করে না।

সন্ধ্যার সময় ঝড় থেমে গেল। উপরে গিয়ে দেখি, জাহাজটা সমুদ্রের কাছে এতক্ষণ ধরে যে চড়চাপড় খেয়েছে তার অনেক চিহ্ন আছে। কাপ্তেনের ঘরের একটা প্রাচীর ভেঙে গিয়ে তাঁর আসবাবপত্র সমস্ত ভিজে গেছে। একটা বাঁধা লাইফ-বোট জখম হয়েছে। ডেকে প্যাসেঞ্জারদের একটা ঘর এবং ভাণ্ডারের একটা অংশ ভেঙে পড়েছে। জাপানি মাল্লারা এমন-সকল কাজে প্রবৃত্ত ছিল যাতে প্রাণসংশয় ছিল। জাহাজ যে বারবার আসন্ন সংকটের সঙ্গে লড়াই করেছে তার একটা স্পষ্ট প্রমাণ পাওয়া গেল--জাহাজের ডেকের উপর কর্কের তৈরি সাঁতার দেবার জামাগুলো

সাজানো। একসময়ে এগুলো বের করবার কথা কাপ্তেনের মনে এসেছিল। কিন্তু, এই ঝড়ের পালার মধ্যে সবচেয়ে স্পষ্ট করে আমার মনে পড়ছে জাপানি মাল্লাদের হাসি।

শনিবার দিনে আকাশ প্রসন্ন কিন্তু সমুদ্রের আক্ষেপ এখনো ঘোচে নি। আশ্চর্য এই, ঝড়ের সময় জাহাজ এমন দোলে নি ঝড়ের পর যেমন তার দোলা। কালকেকার উৎপাতকে কিছুতেই যেন সে ক্ষমা করতে পারছে না, ক্রমাগতই ফুঁপিয়ে ফুঁপিয়ে উঠছে। শরীরের অবস্থাটাও অনেকটা সেইরকম; ঝড়ের সময় সে একরকম শক্ত ছিল কিন্তু পরের দিন ভুলতে পারছে না, তার উপর দিয়ে ঝড় গিয়েছে।

আজ রবিবার। জলের রঙ ফিকে হয়ে উঠেছে। এতদিন পরে আকাশে একটি পাখি দেখতে পেলুম--এই পাখিগুলিই পৃথিবীর বাণী আকাশে বহন করে নিয়ে যায়; আকাশ দেয় তার আলো, পৃথিবী দেয় তার গান। সমুদ্রের যা-কিছু গান সে কেবল তার নিজের ঢেউয়ের--তার কোলে জীব আছে যথেষ্ট, পৃথিবীর চেয়ে অনেক বেশি, কিন্তু তাদের কারো কণ্ঠে সুর নেই; সেই অসংখ্য বোবা জীবের হয়ে সমুদ্র নিজেই কথা কচ্ছে। ডাঙার জীবেরা প্রধানত শব্দের দ্বারাই মনের ভাব প্রকাশ করে, জলচরদের ভাষা হচ্ছে গতি। সমুদ্র হচ্ছে নৃত্যলোক, আর পৃথিবী হচ্ছে শব্দলোক।

আজ বিকেলে চারটে-পাঁচটার সময় রেঙ্গুনে পৌঁছবার কথা। মঙ্গলবার থেকে শনিবার পর্যন্ত পৃথিবীতে নানা খবর চলাচল করছিল, আমাদের জন্যে সেগুলো সমস্ত জমে রয়েছে; বাণিজ্যের ধনের মতো নয় প্রতিদিন যার হিসাব চলছে, কোম্পানির কাগজের মতো অগোচরে যার সুদ জমছে।

২৪ বৈশাখ ১৩২৩

৪

২৪শে বৈশাখ অপরাহ্ণে রেঙ্গুনে এসে পৌঁছনো গেল।

চোখের পিছনে চেয়ে দেখার একটা পাকযন্ত্র আছে, সেইখানে দেখাগুলো বেশ করে হজম হয়ে না গেলে সেটাকে নিজের করে দেখানো যায় না। তা নাই বা দেখানো গেল, এমন কথা কেউ বলতে পারেন। যেখানে যাওয়া গেছে সেখানকার মোটামুটি বিবরণ দিতে দোষ কী।

দোষ না থাকতে পারে, কিন্তু আমার অভ্যাস অন্যরকম। আমি টুকে যেতে টেঁকে যেতে পারি নে। কখনো কখনো নোট নিতে ও রিপোর্ট দিতে অনুরুদ্ধ হয়েছি, কিন্তু সে-সমস্ত টুকরো কথা আমার মনের মুঠোর ফাঁক দিয়ে গলে ছড়িয়ে পড়ে যায়। প্রত্যক্ষটা একবার আমার মনের নেপথ্যে অপ্রত্যক্ষ হয়ে গিয়ে তার পরে যখন প্রকাশের মঞ্চে এসে দাঁড়ায় তখনই তার সঙ্গে আমার ব্যবহার।

ছুটতে ছুটতে তাড়াতাড়ি দেখে দেখে বেড়ানো আমার পক্ষে ক্লান্তিকর এবং নিষ্ফল। অতএব আমার কাছ থেকে বেশ ভদ্ররকম ভ্রমণবৃত্তান্ত তোমরা পাবে না। আদালতে সত্যপাঠ করে আমি সাক্ষী দিতে পারি যে রেঙ্গুন-নামক এক শহরে আমি এসেছিলুম; কিন্তু যে আদালতে আরো বড়ো রকমের সত্যপাঠ করতে হয় সেখানে আমাকে বলতেই হবে, রেঙ্গুনে এসে পৌঁছই নি।

এমন হতেও পারে, রেঙ্গুন শহরটা খুব একটা সত্য বস্তু নয়। রাস্তাগুলি সোজা, চওড়া, পরিষ্কার; বাড়িগুলি তক্‌তক্‌ করছে; রাস্তায় ঘাটে মাদ্রাজি, পাঞ্জাবি, গুজরাটি ঘুরে বেড়াচ্ছে; তার মধ্যে হঠাৎ কোথাও যখন রঙিন রেশমের কাপড়-পরা ব্রহ্মদেশের পুরুষ বা মেয়ে দেখতে পাই তখন মনে হয়, এরাই বুঝি বিদেশী। আসল কথা, গঙ্গার পুলটা যেমন গঙ্গার নয় বরঞ্চ সেটা গঙ্গার গলার ফাঁসি, রেঙ্গুন শহরটা তেমনি ব্রহ্মদেশের শহর নয়, ওটা যেন সমস্ত দেশের প্রতিবাদের মতো।

প্রথমত, ইরাবতী নদী দিয়ে শহরের কাছাকাছি যখন আসছি তখন ব্রহ্মদেশের প্রথম পরিচয়টা কী। দেখি, তীরে বড়ো বড়ো সব কেরোসিন তেলের কারখানা লম্বা লম্বা চিমনি আকাশে তুলে দিয়ে ঠিক যেন চিত হয়ে পড়ে বর্মা চুরুট খাচ্ছে। তার পরে যত এগোতে থাকি, দেশ-বিদেশের জাহাজের ভিড়। তার পর যখন ঘাটে এসে পৌঁছই তখন তট বলে পদার্থ দেখা যায় না--সারি সারি জেটিগুলো যেন বিকটাকার লোহার জোঁকের মতো ব্রহ্মদেশের গায়ে একেবারে ছেঁকে ধরেছে। তার পরে আপিস-আদালত দোকান-বাজারের মধ্যে দিয়ে আমার বাঙালি বন্ধুদের

বাড়িতে গিয়ে উঠলুম; কোনো ফাঁক দিয়ে ব্রহ্মদেশের কোনো চেহারাই দেখতে পেলুম না। মনে হল, রেঙ্গুন ব্রহ্মদেশের ম্যাপে আছে কিন্তু দেশে নেই। অর্থাৎ, এ শহর দেশের মাটি থেকে গাছের মতো ওঠে নি, এ শহর কালের স্রোতে ফেনার মতো ভেসেছে, সুতরাং এর পক্ষে এ জায়গাও যেমন অন্য জায়গাও তেমনি।

আসল কথা, পৃথিবীতে যে-সব শহর সত্য তা মানুষের মমতার দ্বারা তৈরি হয়ে উঠেছে। দিল্লি বল, আগ্রা বল, কাশী বল, মানুষের আনন্দ তাকে সৃষ্টি করে তুলেছে। কিন্তু বাণিজ্যলক্ষ্মী নির্মম, তার পায়ের নীচে মানুষের মানস-সরোবরের সৌন্দর্যশতদল ফোটে না। মানুষের দিকে সে তাকায় না, সে কেবল দ্রব্যকে চায়; যন্ত্র তার বাহন। গঙ্গা দিয়ে যখন আমাদের জাহাজ আসছিল তখন বাণিজ্যশ্রীর নির্লজ্জ নির্দয়তা নদীর দুই ধারে দেখতে দেখতে এসেছি। ওর মনে প্রীতি নেই ব'লেই বাংলাদেশের এমন সুন্দর গঙ্গার ধারকে এত অনায়াসে নষ্ট করতে পেরেছে।

আমি মনে করি, আমার পরম সৌভাগ্য এই যে, কদর্যতার লৌহবন্যা যখন কলকাতার কাছাকাছি দুই তীরকে, মেটেবুরুজ থেকে হুগলী পর্যন্ত, গ্রাস করবার জন্যে ছুটে আসছিল আমি তার আগেই জন্মেছি। তখনো গঙ্গার ঘাটগুলি গ্রামের স্নিগ্ধ বাহুর মতো গঙ্গাকে বুকের কাছে আপন ক'রে ধরে রেখেছিল, কুঠির নৌকাগুলি তখনো সন্ধ্যাবেলায় তীরে তীরে ঘাটে ঘাটে ঘরের লোকগুলিকে ঘরে ঘরে ফিরিয়ে আনত। একদিকে দেশের হৃদয়ের ধারা, আর-একদিকে দেশের এই নদীর ধারা, এর মাঝখানে কোনো কঠিন কুৎসিত বিচ্ছেদ এসে দাঁড়ায় নি।

তখনো কলকাতার আশেপাশে বাংলাদেশের যথার্থ রূপটিকে দুই চোখ ভরে দেখবার কোনো বাধা ছিল না। সেইজন্যেই কলকাতা আধুনিক শহর হলেও কোকিলশিশুর মতো তার পালনকর্ত্রীর নীড়কে একেবারে রিক্ত করে অধিকার করে নি। কিন্তু তার পরে বাণিজ্যসভ্যতা যতই প্রবল হয়ে উঠতে লাগল ততই দেশের রূপ আচ্ছন্ন হতে চলল। এখন কলকাতা বাংলাদেশকে আপনার চারিদিক থেকে নির্বাসিত করে দিচ্ছে। দেশ ও কালের লড়াইয়ে দেশের শ্যামল শোভা পরাভূত হল, কালের করাল মূর্তিই লোহার দাঁত নখ মেলে কালো নিশ্বাস ছাড়তে লাগল।

এক সময়ে মানুষ বলেছিল, বাণিজ্যে বসতে লক্ষ্মীঃ। তখন মানুষ লক্ষ্মীর যে-পরিচয় পেয়েছিল সে তো কেবল ঐশ্বর্যে নয়, তাঁর সৌন্দর্যে। তার কারণ, বাণিজ্যের সঙ্গে তখন মনুষ্যত্বের বিচ্ছেদ ঘটে নি। তাঁতের সঙ্গে তাঁতির, কামারের হাতুড়ির সঙ্গে কামারের হাতের, কারিগরের সঙ্গে তার কারুকার্যের মনের মিল ছিল। এইজন্যে বাণিজ্যের ভিতর দিয়ে মানুষের হৃদয় আপনাকে ঐশ্বর্যে

বিচিত্র ক'রে সুন্দর ক'রে ব্যক্ত করত। নইলে লক্ষ্মী তার পদ্মাসন পেতেন কোথা থেকে। যখন থেকে কল হল বাণিজ্যের বাহন তখন থেকে বাণিজ্য হল শ্রীহীন। প্রাচীন ভেনিসের সঙ্গে আধুনিক ম্যাঞ্চেস্টরের তুলনা করলেই তফাতটা স্পষ্ট দেখতে পাওয়া যাবে। ভেনিসে সৌন্দর্যে এবং ঐশ্বর্যে মানুষ আপনারই পরিচয় দিয়েছে, ম্যাঞ্চেস্টরে মানুষ সব দিকে আপনাকে খর্ব করে আপনার কলের পরিচয় দিয়েছে। এইজন্য কল-বাহন বাণিজ্য যেখানেই গেছে সেখানেই আপনার কালিমায় কদর্যতায় নির্মমতায় একটা লোলুপতার মহামারী সমস্ত পৃথিবীতে বিস্তীর্ণ করে দিচ্ছে। তাই নিয়ে কাটাকাটি-হানাহানির আর অন্ত নেই; তাই নিয়ে অসত্যে লোকালয় কলঙ্কিত এবং রক্তপাতে ধরাতল পঙ্কিল হয়ে উঠল। অন্নপূর্ণা আজ হয়েছেন কালী; তাঁর অন্নপরিবেশনের হাতা আজ হয়েছে রক্তপান করবার খর্পর। তাঁর স্মিতহাস্য আজ অট্টহাস্যে ভীষণ হল। যাই হোক, আমার বলবার কথা এই যে, বাণিজ্য মানুষকে প্রকাশ করে না, মানুষকে প্রচ্ছন্ন করে।

তাই বলছি, রেঙ্গুন তো দেখলুম কিন্তু সে কেবল চোখের দেখা, সে দেখার মধ্যে কোনো পরিচয় নেই; সেখান থেকে আমার বাঙালি বন্ধুদের আতিথ্যের স্মৃতি নিয়ে এসেছি, কিন্তু ব্রহ্মদেশের হাত থেকে কোনো দক্ষিণা আনতে পারি নি। কথাটা হয়তো একটু অত্যুক্তি হয়ে পড়ল। আধুনিকতার এই প্রাচীরের মধ্যে দেশের একটা গবাক্ষ হঠাৎ একটু খোলা পেয়েছিলুম। সোমবার দিন সকালে আমার বন্ধুরা এখানকার বিখ্যাত বৌদ্ধ মন্দিরে নিয়ে গেলেন।

এতক্ষণে একটা-কিছু দেখতে পেলুম। এতক্ষণ যার মধ্যে ছিলুম সে একটা অ্যাব্‌সট্রাক্‌শন, সে একটা অবচ্ছিন্ন পদার্থ। সে একটা শহর, কিন্তু কোনো-একটা শহরই নয়। এখন যা দেখছি তার নিজেরই একটা বিশেষ চেহারা আছে। তাই সমস্ত মন খুশি হয়ে সজাগ হয়ে উঠল। আধুনিক বাঙালির ঘরে মাঝে মাঝে খুব ফ্যাশানওয়ালা মেয়ে দেখতে পাই; তারা খুব গট্‌গট্‌ করে চলে, খুব চট্‌পট্‌ করে ইংরেজি কয়; দেখে মস্ত একটা অভাব মনে বাজে; মনে হয় ফ্যাশানটাকেই বড়ো করে দেখছি, বাঙালির মেয়েটিকে নয়; এমন সময় হঠাৎ ফ্যাশানজালমুক্ত সরল সুন্দর স্নিগ্ধ বাঙালি-ঘরের কল্যাণীকে দেখলে তখনই বুঝতে পারি, এ তো মরীচিকা নয়, স্বচ্ছ গভীর সরোবরের মতো এর মধ্যে একটি তৃষাহরণ পূর্ণতা আপন পদ্মবনের পাড়টি নিয়ে টল্‌টল্‌ করছে। মন্দিরের মধ্যে ঢুকতেই আমার মনে তেমনি একটি আনন্দের চমক লাগল; মনে হল, যাই হোক-না কেন, এটা ফাঁকা নয়, যেটুকু চোখে পড়ছে এ তার চেয়ে আরো অনেক বেশি। সমস্ত রেঙ্গুন শহরটা এর কাছে ছোটো হয়ে গেল; বহুকালের বৃহৎ ব্রহ্মদেশ এই মন্দিরটুকুর মধ্যে আপনাকে প্রকাশ করলে।

প্রথমেই বাইরের প্রখর আলোর থেকে একটি পুরাতন কালের পরিণত ছায়ার মধ্যে এসে প্রবেশ করলুম। থাকে থাকে প্রশস্ত সিঁড়ি উঠে চলেছে; তার উপরে আচ্ছাদন। এই সিঁড়ির দুই ধারে ফল

ফুল বাতি, পূজার অর্ঘ্য বিক্রি চলছে। যারা বেচছে তারা অধিকাংশই ব্রহ্মীয় মেয়ে। ফুলের রঙের সঙ্গে তাদের রেশমের কাপড়ের রঙের মিল হয়ে মন্দিরের ছায়াটি সূর্যাস্তের আকাশের মতো বিচিত্র হয়ে উঠেছে। কেনাবেচার কোনো নিষেধ নেই, মুসলমান দোকানদারেরা বিলাতি মনিহারির দোকান খুলে বসে গেছে। মাছমাংসেরও বিচার নেই, চারিদিকে খাওয়াদাওয়া ঘরকন্না চলছে। সংসারের সঙ্গে মন্দিরের সঙ্গে ভেদমাত্র নেই, একেবারে মাখামাখি। কেবল, হাটবাজারে যেরকম গোলমাল, এখানে তা দেখা গেল না। চারিদিক নিরালা নয়, অথচ নিভৃত; স্তব্ধ নয়, শান্ত। আমাদের সঙ্গে ব্রহ্মদেশীয় একজন ব্যারিস্টার ছিলেন, এই মন্দিরসোপানে মাছমাংস কেনাবেচা এবং খাওয়া চলছে, এর কারণ তাঁকে জিজ্ঞাসা করাতে তিনি বললেন, "বুদ্ধ আমাদের উপদেশ দিয়েছেন, তিনি বলে দিয়েছেন--কিসে মানুষের কল্যাণ, কিসে তার বন্ধন, তিনি তো জোর করে কারো ভালো করতে চান নি; বাহিরের শাসনে কল্যাণ নেই, অন্তরের ইচ্ছাতেই মুক্তি; এইজন্যে আমাদের সমাজে বা মন্দিরে আচার সম্বন্ধে জবরদস্তি নেই।"

সিঁড়ি বেয়ে উপরে যেখানে গেলুম সেখানে খোলা জায়গা, তারই নানা স্থানে নানারকমের মন্দির। সে মন্দিরে গাম্ভীর্য নেই, কারুকার্যের ঠেসাঠেসি ভিড়, সমস্ত যেন ছেলেমানুষের খেলনার মতো। এমন অদ্ভুত পাঁচমিশালি ব্যাপার আর কোথাও দেখা যায় না--এ যেন ছেলে-ভুলোনো ছড়ার মতো; তার ছন্দটা একটানা বটে, কিন্তু তার মধ্যে যা-খুশি-তাই এসে পড়েছে, ভাবের পরস্পর-সামঞ্জস্যের কোনো দরকার নেই। বহুকালের পুরাতন শিল্পের সঙ্গে এখনকার কালের নিতান্ত সস্তাদরের তুচ্ছতা একেবারে গায়ে গায়ে সংলগ্ন। ভাবের অসংগতি বলে যে কোনো পদার্থ আছে, এরা তা যেন একেবারে জানেই না। আমাদের কলকাতায় বড়োমানুষের ছেলের বিবাহযাত্রায় রাস্তা দিয়ে যেমন সকল রকমের অদ্ভুত অসামঞ্জস্যের বন্যা বয়ে যায়, কেবলমাত্র পুঞ্জীকরণটাই তার লক্ষ্য, সজ্জীকরণ নয়, এও সেইরকম। এক ঘরে অনেকগুলো ছেলে থাকলে যেমন তারা গোলমাল করে, সেই গোলমাল করাতেই তাদের আনন্দ--এই মন্দিরের সাজসজ্জা, প্রতিমা, নৈবেদ্য, সমস্ত যেন সেইরকম ছেলেমানুষের উৎসব; তার মধ্যে অর্থ নেই, শব্দ আছে।। মন্দিরের ওই সোনা-বাঁধানো পিতল-বাঁধানো চূড়াগুলি ব্রহ্মদেশের ছেলেমেয়েদের আনন্দের উচ্চহাস্যমিশ্রিত হো হো শব্দ--আকাশে ঢেউ খেলিয়ে উঠছে। এদের যেন বিচার করবার, গম্ভীর হবার বয়স হয় নি। এখানকার এই রঙিন মেয়েরাই সবচেয়ে চোখে পড়ে। এদেশের শাখাপ্রশাখা ভরে এরা যেন ফুল ফুটে রয়েছে। ভুঁইচাঁপার মতো এরাই দেশের সমস্ত--আর কিছু চোখে পড়ে না।

লোকের কাছে শুনতে পাই, এখানকার পুরুষেরা অলস ও আরামপ্রিয়, অন্য দেশের পুরুষের কাজ প্রায় সমস্তই এখানে মেয়েরা করে থাকে। হঠাৎ মনে আসে, এটা বুঝি মেয়েদের উপরে

জুলুম করা হয়েছে। কিন্তু, ফলে তো তার উলটোই দেখতে পাচ্ছি--এই কাজকর্মের হিল্লোলে মেয়েরা আরো যেন বেশি করে বিকশিত হয়ে উঠেছে। কেবল বাইরে বেরতে পারাই যে মুক্তি তা নয়, অবাধে কাজ করতে পাওয়া মানুষের পক্ষে তার চেয়ে বড়ো মুক্তি। পরাধীনতাই সবচেয়ে বড়ো বন্ধন নয়, কাজের সংকীর্ণতাই হচ্ছে সবচেয়ে কঠোর খাঁচা।

এখানকার মেয়েরা সেই খাঁচা থেকে ছাড়া পেয়ে এমন পূর্ণতা এবং আত্মপ্রতিষ্ঠা লাভ করেছে। তারা নিজের অস্তিত্ব নিয়ে নিজের কাছে সংকুচিত হয়ে নেই; রমণীর লাবণ্যে যেমন তারা প্রেয়সী, শক্তির মুক্তিগৌরবে তেমনি তারা মহীয়সী। কাজেই যে মেয়েদের যথার্থ শ্রী দেয়, সাঁওতাল মেয়েদের দেখে তা আমি প্রথম বুঝতে পেরেছিলুম। তারা কঠোর পরিশ্রম করে, কিন্তু কারিগর যেমন কঠিন আঘাতে মূর্তিটিকে সুব্যক্ত করে তোলে তেমনি এই পরিশ্রমের আঘাতেই এই সাঁওতাল মেয়েদের দেহ এমন নিটোল, এমন সুব্যক্ত হয়ে ওঠে; তাদের সকল প্রকার গতিভঙ্গিতে এমন একটা মুক্তির মহিমা প্রকাশ পায়। কবি কীটস্ বলেছেন, সত্যই সুন্দর। অর্থাৎ, সত্যের বাধামুক্ত সুসম্পূর্ণতাই সৌন্দর্য। সত্য মুক্তি লাভ করলে আপনিই সুন্দর হয়ে প্রকাশ পায়। প্রকাশের পূর্ণতাই সৌন্দর্য, এই কথাটাই আমি উপনিষদের এই বাণীতে অনুভব করি--আনন্দরূপমমৃতং যদ্‌বিভাতি; অনন্তস্বরূপ যেখানে প্রকাশ পাচ্ছেন, সেইখানেই তাঁর অমৃতরূপ, আনন্দরূপ। মানুষ ভয়ে লোভে ঈর্ষায় মূঢ়তায় প্রয়োজনের সংকীর্ণতায় এই প্রকাশকে আচ্ছন্ন করে, বিকৃত করে; এবং সেই বিকৃতিকেই অনেকসময় বড়ো নাম দিয়ে বিশেষ ভাবে আদর করে থাকে।

২৭ বৈশাখ ১৩২৩। তোসামারু জাহাজ

৫

২৯ বৈশাখ। বিকেলের দিকে যখন পিনাঙের বন্দরে ঢুকছি, আমাদের সঙ্গে যে-বালকটি এসেছে, তার নাম মুকুল, সে বলে উঠল, "ইস্কুলে একদিন পিনাঙ সিঙাপুর মুখস্থ করে মরেছি, এ সেই পিনাঙ।" তখন আমার মনে হল, ইস্কুলের ম্যাপে পিনাঙ দেখা যেমন সহজ ছিল, এ তার চেয়ে বেশি শক্ত নয়। তখন মাস্টার ম্যাপে আঙুল বুলিয়ে দেশ দেখাতেন, এ হচ্ছে জাহাজ বুলিয়ে দেখানো।

এরকম ভ্রমণের মধ্যে "বস্তুতন্ত্রতা' খুব সামান্য। বসে বসে স্বপ্ন দেখবার মতো। না করছি চেষ্টা, না করছি চিন্তা, চোখের সামনে আপনা-আপনি সব জেগে উঠছে। এই-সব দেশ বের করতে, এর পথ ঠিক করে রাখতে, এর রাস্তাঘাট পাকা করে তুলতে, অনেক মানুষকে অনেক ভ্রমণ এবং অনেক দুঃসাহস করতে হয়েছে; আমরা সেই-সমস্ত ভ্রমণ ও দুঃসাহসের বোতলে-ভরা মোরব্বা উপভোগ করছি যেন। এতে কোনো কাঁটা নেই, খোসা নেই, আঁটি নেই; কেবল শাঁসটুকু আছে, আর তার সঙ্গে যতটা সম্ভব চিনি মেশানো। অকূল সমুদ্র ফুলে ফুলে উঠছে, দিগন্তের পর দিগন্তের পর্দা উঠে উঠে যাচ্ছে, দুর্গমতার একটা প্রকাণ্ড মূর্তি চোখে দেখতে পাচ্ছি; অথচ আলিপুরে খাঁচার সিংহটার মতো তাকে দেখে আমোদ বোধ করছি; ভীষণও মনোহর হয়ে দেখা দিচ্ছে।

আরব্য উপন্যাসে আলাদিনের প্রদীপের কথা যখন পড়েছিলুম তখন সেটাকে ভারি লোভনীয় মনে হয়েছিল। এ তো সেই প্রদীপেরই মায়া। জলের উপরে স্থলের উপরে সেই প্রদীপটা ঘষছে, আর অদৃশ্য দৃশ্য হচ্ছে, দূর নিকটে এসে পড়ছে। আমরা এক জায়গায় বসে আছি, আর জায়গাগুলোই আমাদের সামনে এসে পড়ছে।

কিন্তু মানুষ ফলটাকেই যে মুখ্যভাবে চায় তা নয়, ফলিয়ে তোলানোটাই তার সবচেয়ে বড়ো জিনিস। সেইজন্যে, এই যে ভ্রমণ করছি এর মধ্যে মন একটা অভাব অনুভব করছে, সেটি হচ্ছে এই যে, আমরা ভ্রমণ করছি নে। সমুদ্রপথে আসতে আসতে মাঝে মাঝে দূরে দূরে এক-একটা পাহাড় দেখা দিচ্ছিল, আগাগোড়া গাছে ঢাকা; ঠিক যেন কোন্ দানবলোকের প্রকাণ্ড জন্তু তার কোঁকড়া সবুজ রোঁয়া নিয়ে সমুদ্রের ধারে ঝিমোতে ঝিমোতে রোদ পোয়াচ্ছে; মুকুল তাই দেখে বললে, ওইখানে নেবে যেতে ইচ্ছা করে। ওই ইচ্ছাটা হচ্ছে সত্যকার ভ্রমণ করবার ইচ্ছা। অন্য কর্তৃক দেখিয়ে দেওয়ার বন্ধন হতে মুক্ত হয়ে নিজে দেখার ইচ্ছে। ওই পাহাড়ওয়ালা ছোটো ছোটো দ্বীপগুলোর নাম জানি নে, ইস্কুলের ম্যাপে ওগুলোকে মুখস্থ করতে হয় নি; দূর থেকে দেখে মনে হয়, ওরা একেবারে তাজা রয়েছে, সারকুলেটিং লাইব্রেরির বইগুলোর মতো মানুষের হাতে হাতে ফিরে নানা চিহ্নে চিহ্নিত হয়ে যায় নি; সেইজন্যে মনকে টানে। অন্যের পরে মানুষের বড়ো

ঈর্ষা। যাকে আর কেউ পায় নি মানুষ তাকে পেতে চায়। তাতে যে পাওয়ার পরিমাণ বাড়ে তা নয়, কিন্তু পাওয়ার অভিমান বাড়ে।

সূর্য যখন অস্ত যাচ্ছে তখন পিনাঙের বন্দরে জাহাজ এসে পৌঁছল। মনে হল, বড়ো সুন্দর এই পৃথিবী। জলের সঙ্গে স্থলের যেন প্রেমের মিলন দেখলুম। ধরণী তার দুই বাহু মেলে সমুদ্রকে আলিঙ্গন করছে। মেঘের ভিতর দিয়ে নীলাভ পাহাড়গুলির উপরে যে একটি সুকোমল আলো পড়েছে সে যেন অতি সূক্ষ্ম সোনালি রঙের ওড়নার মতো; তাতে বধূর মুখ ঢেকেছে না প্রকাশ করছে, তা বলা যায় না। জলে স্থলে আকাশে মিলে এখানে সন্ধ্যাবেলাকার স্বর্ণতোরণের থেকে স্বর্গীয় নহবত বাজতে লাগল।

পালতোলা সমুদ্রের নৌকাগুলির মতো মানুষের সুন্দর সৃষ্টি অতি অল্পই আছে। যেখানে প্রকৃতির ছন্দে লয়ে মানুষকে চলতে হয়েছে সেখানে মানুষের সৃষ্টি সুন্দর না হয়ে থাকতে পারে না। নৌকোকে জলবাতাসের সঙ্গে সন্ধি করতে হয়েছে, এইজন্যেই জলবাতাসের শ্রীটুকু সে পেয়েছে। কল যেখানে নিজের জোরে প্রকৃতিকে উপেক্ষা করতে পারে সেইখানেই সেই ঔদ্ধত্যে মানুষের রচনা কুশ্রী হয়ে উঠতে লজ্জামাত্র করে না। কলের জাহাজে পালের জাহাজের চেয়ে সুবিধা আছে, কিন্তু সৌন্দর্য নেই। জাহাজ যখন আস্তে আস্তে বন্দরের গা ঘেঁষে এল, যখন প্রকৃতির চেয়ে মানুষের দুশ্চেষ্টা বড়ো হয়ে দেখা দিল, কলের চিমনিগুলো প্রকৃতির বাঁকা ভঙ্গিমার উপর তার সোজা আঁচড় কাটতে লাগল, তখন দেখতে পেলুম মানুষের রিপু জগতে কী কুশ্রীতাই সৃষ্টি করছে। সমুদ্রের তীরে তীরে, বন্দরে বন্দরে, মানুষের লোভ কদর্য ভঙ্গিতে স্বর্গকে ব্যঙ্গ করছে-- এমনি করেই নিজেকে স্বর্গ থেকে নির্বাসিত করে দিচ্ছে।

তোসামারু। পিনাঙ বন্দর

৬

২রা জ্যৈষ্ঠ। উপরে আকাশ, নীচে সমুদ্র। দিনে রাত্রে আমাদের দুই চক্ষুর বরাদ্দ এর বেশি নয়। আমাদের চোখদুটো মা-পৃথিবীর আদর পেয়ে পেটুক হয়ে গেছে। তার পাতে নানা রকমের জোগান দেওয়া চাই। তার অধিকাংশই সে স্পর্শও করে না, ফেলা যায়। কত যে নষ্ট হচ্ছে বলা যায় না, দেখবার জিনিস অতিরিক্ত পরিমাণে পাই বলেই দেখবার জিনিস সম্পূর্ণ করে দেখি নে। এইজন্যে মাঝে মাঝে আমাদের পেটুক চোখের পক্ষে এই রকমের উপবাস ভালো।

আমাদের সামনে মস্ত দুটো ভোজের থালা, আকাশ আর সাগর। অভ্যাসদোষে প্রথমটা মনে হয়, এ দুটো বুঝি একেবারে শূন্য থালা। তার পর দুই-এক দিন লঙ্ঘনের পর ক্ষুধা একটু বাড়লেই তখন দেখতে পাই, যা আছে তা নেহাত কম নয়। মেঘ ক্রমাগত নতুন নতুন রঙে সরস হয়ে আসছে, আলো ক্ষণে ক্ষণে নতুন নতুন স্বাদে আকাশকে এবং জলকে পূর্ণ করে তুলছে।

আমরা দিনরাত পৃথিবীর কোলে কাঁখে থাকি বলেই আকাশের দিকে তাকাই নে, আকাশের দিগ্‌বসনকে বলি উলঙ্গতা। যখন দীর্ঘকাল ওই আকাশের সঙ্গে মুখোমুখি করে থাকতে হয়, তখন তার পরিচয়ের বিচিত্রতায় অবাক হয়ে থাকি। ওখানে মেঘে মেঘে রূপের এবং রঙের অহেতুক বিকাশ। এ যেন গানের আলাপের মতো, রূপ-রঙের রাগরাগিণীর আলাপ চলছে--তাল নেই, আকার-আয়তনের বাঁধাবাঁধি নেই, কোনো অর্থবিশিষ্ট বাণী নেই, কেবলমাত্র মুক্ত সুরের লীলা। সেই সঙ্গে সমুদ্রের অপ্সরনৃত্য ও মুক্ত ছন্দের নাচ। তার মৃদঙ্গে যে বোল বাজছে তার ছন্দ এমন বিপুল যে, তার লয় খুঁজে পাওয়া যায় না। তাতে নৃত্যের উল্লাস আছে, অথচ নৃত্যের নিয়ম নেই।

এই বিরাট রঙ্গশালায় আকাশ এবং সমুদ্রের যে-রঙ্গ সেইটি দেখবার শক্তি ক্রমে আমাদের বেড়ে ওঠে। জগতে যা-কিছু মহান, তার চারিদিকে একটা বিরলতা আছে, তার পটভূমিকা (থতদযফক্ষষয়শধ) সাদাসিধে। সে আপনাকে দেখাবার জন্যে আর কিছুর সাহায্য নিতে চায় না। নিশীথের নক্ষত্রসভা অসীম অন্ধকারের অবকাশের মধ্যে নিজেকে প্রকাশ করে। এই সমুদ্র-আকাশের যে বৃহৎ প্রকাশ সেও বহু-উপকরণের দ্বারা আপন মর্যাদা নষ্ট করে না। এরা হল জগতের বড়ো ওস্তাদ, ছলাকলায় আমাদের মন ভোলাতে এরা অবজ্ঞা করে। মনকে শ্রদ্ধাপূর্বক আপন হতে অগ্রসর হয়ে এদের কাছে যেতে হয়। মন যখন নানা ভোগে জীর্ণ হয়ে অলস এবং "অন্যথাবৃত্তি' হয়ে থাকে তখন এই ওস্তাদের আলাপ তার পক্ষে অত্যন্ত ফাঁকা।

আমাদের সুবিধে হয়েছে, সামনে আমাদের আর কিছু নেই। অন্যবারে যখন বিলিতি যাত্রী-জাহাজে সমুদ্র পাড়ি দিয়েছি তখন যাত্রীরাই ছিল এক দৃশ্য। তারা নাচে গানে খেলায় গোলেমালে অনন্তকে আচ্ছন্ন করে রাখত। এক মুহূর্তও তারা ফাঁকা ফেলে রাখতে চাইত না। তার উপরে সাজসজ্জা, কায়দাকানুনের উপসর্গ ছিল। এখানে জাহাজের ডেকের সঙ্গে সমুদ্র-আকাশের কোনো প্রতিযোগিতা নেই। যাত্রীর সংখ্যা অতি সামান্য, আমরাই চারজন; বাকি দু-তিনজন ধীর প্রকৃতির লোক। তার পরে, ঢিলাঢালা বেশেই ঘুমচ্ছি, জাগছি, খেতে যাচ্ছি, কারো কোনো আপত্তি নেই; তার প্রধান কারণ, এমন কোনো মহিলা নেই আমাদের অপরিচ্ছন্নতায় যাঁর অসম্ভ্রম হতে পারে।

এইজন্যেই প্রতিদিন আমরা বুঝতে পারছি, জগতে সূর্যোদয় ও সূর্যাস্ত সামান্য ব্যাপার নয়, তার অভ্যর্থনার জন্যে স্বর্গে মর্ত্যে রাজকীয় সমারোহ। প্রভাতে পৃথিবী তার ঘোমটা খুলে দাঁড়ায়, তার বাণী নানা সুরে জেগে ওঠে; সন্ধ্যায় স্বর্গলোকের যবনিকা উঠে যায়, এবং দ্যুলোক আপন জ্যোতি-রোমাঞ্চিত নিঃশব্দতার দ্বারা পৃথিবীর সম্ভাষণে উত্তর দেয়। স্বর্গমর্ত্যের এই মুখোমুখি আলাপ যে কত গম্ভীর এবং কত মহীয়ান, এই আকাশ ও সমুদ্রের মাঝখানে দাঁড়িয়ে তা আমরা বুঝতে পারি।

দিগন্ত থেকে দেখতে পাই, মেঘগুলো নানা ভঙ্গিতে আকাশে উঠে চলেছে, যেন সৃষ্টিকর্তার আঙিনার আকার-ফোয়ারার মুখ খুলে গেছে। বস্তু প্রায় কিছুই নেই, কেবল আকৃতি, কোনোটার সঙ্গে কোনোটার মিল নেই। নানা রকমের আকার--কেবল সোজা লাইন নেই। সোজা লাইনটা মানুষের হাতের কাজের। তার ঘরের দেওয়ালে, তার কারখানাঘরের চিমনিতে মানুষের জয়স্তম্ভ একেবারে সোজা খাড়া। বাঁকা রেখা জীবনের রেখা, মানুষ সহজে তাকে আয়ত্ত করতে পারে না। সোজা রেখা জড় রেখা, সে সহজেই মানুষের শাসন মানে; সে মানুষের বোঝা বয়, মানুষের অত্যাচার সয়।

যেমন আকৃতির হরির লুঠ, তেমনি রঙের। রঙ যে কত রকম হতে পারে, তার সীমা নেই। রঙের তান উঠছে, তানের উপর তান; তাদের মিলও যেমন, তাদের অমিলও তেমনি; তারা বিরুদ্ধ নয়, অথচ বিচিত্র। রঙের সমারোহেও যেমন প্রকৃতির বিলাস, রঙের শান্তিতেও তেমনি। সূর্যাস্তের মুহূর্তে পশ্চিম আকাশ যেখানে রঙের ঐশ্বর্য পাগলের মতো দুই হাতে বিনা প্রয়োজনে ছড়িয়ে দিচ্ছে সেও যেমন আশ্চর্য, পূর্ব আকাশে যেখানে শান্তি এবং সংযম, সেখানেও রঙের পেলবতা, কোমলতা, অপরিমেয় গভীরতা তেমনি আশ্চর্য। প্রকৃতির হাতে অপর্যাপ্তও যেমন মহৎ হতে পারে, পর্যাপ্তও তেমনি। সূর্যাস্তে সূর্যোদয়ে প্রকৃতি আপনার ডাইনে বাঁয়ে একই কালে

সেটা দেখিয়ে দেয়, তার খেয়াল আর ধ্রুপদ একই সঙ্গে বাজতে থাকে, অথচ কেউ কারও মহিমাকে আঘাত করে না।

তার পরে, রঙের আভায় আভায় জল যে কত বিচিত্র কথাই বলতে পারে তা কেমন করে বর্ণনা করব। সে তার জলতরঙ্গে রঙের যে গৎ বাজাতে থাকে, তাতে সুরের চেয়ে শ্রুতি অসংখ্য। আকাশ যে-সময়ে তার প্রশান্ত স্তব্ধতার উপর রঙের মহতোমহীয়ানকে দেখায় সমুদ্র সেইসময় তার ছোটো ছোটো লহরীর কম্পনে রঙের অণোরণীয়ানকে দেখাতে থাকে, তখন আশ্চর্যের অন্ত পাওয়া যায় না।

সমুদ্র-আকাশের গীতিনাট্যলীলায় রুদ্রের প্রকাশ কী রকম দেখা গেছে, সে পূর্বেই বলেছি। আবার কালও তিনি তাঁর ডমরু বাজিয়ে অট্টহাস্যে আর-এক ভঙ্গিতে দেখা দিয়ে গেলেন। সকালে আকাশ জুড়ে নীল মেঘ এবং ধোঁয়ালো মেঘ স্তরে স্তরে পাকিয়ে পাকিয়ে ফুলে ফুলে উঠল। মুষলধারে বৃষ্টি। বিদ্যুৎ আমাদের জাহাজের চারদিকে তার তলোয়ার খেলিয়ে বেড়াতে লাগল। তার পিছনে পিছনে বজ্রের গর্জন। একটা বজ্র ঠিক আমাদের সামনে জলের উপর পড়ল, জল থেকে একটা বাষ্পরেখা সাপের মতো ফোঁস করে উঠল। আর-একটা বজ্র পড়ল আমাদের সামনেকার মাস্তুলে। রুদ্র যেন সুইট্‌জার্‌ল্যাণ্ডের ইতিহাসবিশ্রুত বীর উইলিয়ম টেলের মতো তাঁর অদ্ভুত ধনুর্বিদ্যার পরিচয় দিয়ে গেলেন, মাস্তুলের ডগাটায় তাঁর বাণ লাগল, আমাদের স্পর্শ করল না। এই ঝড়ে আমাদের সঙ্গী আর-একটা জাহাজের প্রধান মাস্তুল বজ্রে বিদীর্ণ হয়েছে শুনলুম। মানুষ যে বাঁচে এই আশ্চর্য।

৭

এই কয়দিন আকাশ এবং সমুদ্রের দিকে চোখ ভরে দেখছি আর মনে হচ্ছে, অনন্তের রঙ তো শুভ্র নয়, তা কালো কিম্বা নীল। এই আকাশ খানিক দূর পর্যন্ত আকাশ অর্থাৎ প্রকাশ, ততটা সে সাদা। তার পরে সে অব্যক্ত, সেইখান থেকে সে নীল। আলো যতদূর সীমার রাজ্য সেই পর্যন্ত; তার পরেই অসীম অন্ধকায়। সেই অসীম অন্ধকারের বুকের উপরে এই পৃথিবীর আলোকময় দিনটুকু যেন কৌস্তভমণির হার দুলছে।

এই প্রকাশের জগৎ, এই গৌরাঙ্গী, তার বিচিত্র রঙের সাজ প'রে অভিসারে চলেছে--ওই কালোর দিকে, ওই অনির্বচনীয় অব্যক্তের দিকে। বাঁধা নিয়মের মধ্যে বাঁধা থাকাতেই তার মরণ--সে কুলকেই সর্বস্ব করে চুপ করে বসে থাকতে পারে না, সে কুল খুইয়ে বেরিয়ে পড়েছে। এই বেরিয়ে যাওয়া বিপদের যাত্রা; পথে কাঁটা, পথে সাপ, পথে ঝড় বৃষ্টি--সমস্তকে অতিক্রম করে, বিপদকে উপেক্ষা করে সে যে চলেছে, সে কেবল ওই অব্যক্ত অসীমের টানে। অব্যক্তর দিকে, "আরো'র দিকে প্রকাশের এই কুল-খোওয়ানো অভিসারযাত্রা--প্রলয়ের ভিতর দিয়ে, বিপ্লবের কাঁটাপথে পদে পদে রক্তের চিহ্ন এঁকে।

কিন্তু কেন চলে, কোন্ দিকে চলে, ওদিকে তো পথের চিহ্ন নেই, কিছু তো দেখতে পাওয়া যায় না? না, দেখা যায় না, সব অব্যক্ত। কিন্তু শূন্য তো নয়; কেননা, ওই দিক থেকেই বাঁশির সুর আসছে। আমাদের চলা, এ চোখে দেখে চলা নয়, এ সুরের টানে চলা। যেটুকু চোখে দেখে চলি সে তো বুদ্ধিমানের চলা, তার হিসাব আছে, তার প্রমাণ আছে; সে ঘুরে ঘুরে কুলের মধ্যেই চলা। সে চলায় কিছুই এগোয় না। আর যেটুকু বাঁশি শুনে পাগল হয়ে চলি, যে-চলায় মরা-বাঁচা জ্ঞান থাকে না, সেই পাগলের চলাতেই জগৎ এগিয়ে চলেছে। সেই চলাকে নিন্দার ভিতর দিয়ে, বাধার ভিতর দিয়ে চলতে হয়; কোনো নজির মানতে গেলেই তাকে থমকে দাঁড়াতে হয়। তার এই চলার বিরুদ্ধে হাজাররকম যুক্তি আছে, সে-যুক্তি তর্কের দ্বারা খণ্ডন করা যায় না। তার এই চলার কেবল একটিমাত্র কৈফিয়ত আছে--সে বলছে, ওই অন্ধকারের ভিতর দিয়ে বাঁশি আমাকে ডাকছে। নইলে কেউ কি সাধ করে আপনার সীমা ডিঙিয়ে যেতে পারে।

যে দিক থেকে ওই মনোহরণ অন্ধকারের বাঁশি বাজছে ওই দিকেই মানুষের সমস্ত আরাধনা, সমস্ত কাব্য, সমস্ত শিল্পকলা, সমস্ত বীরত্ব, সমস্ত আত্মত্যাগ মুখ ফিরিয়ে আছে; ওই দিকে চেয়েই মানুষ রাজ্যসুখ জলাঞ্জলি দিয়ে বিবাগি হয়ে বেরিয়ে গেছে, মরণকে মাথায় করে নিয়েছে। ওই কালোকে দেখে মানুষ ভুলেছে। ঐ কালোর বাঁশিতেই মানুষকে উত্তরমেরু দক্ষিণমেরুতে টানে,

অনুবীক্ষণ দূরবীক্ষণের রাস্তা বেয়ে মানুষের মন দুর্গমের পথে ঘুরে বেড়ায়, বারবার মরতে মরতে সমুদ্রপারের পথ বের করে, বারবার মরতে মরতে আকাশপারের ডানা মেলতে থাকে।

মানুষের মধ্যে যে-সব মহাজাতি কুলত্যাগিনী তারাই এগচ্ছে, ভয়ের ভিতর থেকে অভয়ে, বিপদের ভিতর দিয়ে সম্পদে। যারা সর্বনাশা কালোর বাঁশি শুনতে পেলে না তারা কেবল পুঁথির নজর জড়ো করে কুল আঁকড়ে বসে রইল, তারা কেবল শাসন মানতেই আছে। তারা কেন বৃথা এই আনন্দলোকে জন্মেছে যেখানে সীমা কাটিয়ে অসীমের সঙ্গে নিত্যলীলাই হচ্ছে জীবনযাত্রা, যেখানে বিধানকে ভাসিয়ে দিতে থাকাই হচ্ছে বিধি।

আবার উলটো দিক থেকে দেখলে দেখতে পাই, ই কালো অনন্ত আসছেন তাঁর আপনার শুভ্র জ্যোতির্ময়ী আনন্দমূর্তির দিকে। অসীমের সাধনা এই সুন্দরীর জন্যে, সেইজন্যেই তাঁর বাঁশি বিরাট অন্ধকারের ভিতর দিয়ে এমন ব্যাকুল হয়ে বাজছে; অসীমের সাধনা এই সুন্দরীকে নূতন নূতন মালায় নূতন করে সাজাচ্ছে। ওই কালো এই রূপসীকে এক মুহূর্ত বুকের থেকে নামিয়ে রাখতে পারেন না, কেননা, এ যে তাঁর পরমা সম্পদ। ছোটোর জন্যে বড়োর এই সাধনা যে কী অসীম, তা ফুলের পাপড়িতে পাপড়িতে, পাখির পাখায় পাখায়, মেঘের রঙে রঙে মানুষের হৃদয়ের অপরূপ লাবণ্যে মুহূর্তে মুহূর্তে ধরা পড়ছে। রেখায় রেখায়, রঙে রঙে, রসে রসে তৃপ্তির আর শেষ নেই। এই আনন্দ কিসের।--অব্যক্ত যে ব্যক্তর মধ্যে কেবলই আপনাকে প্রকাশ করছেন, আপনাকে ত্যাগ করে করে ফিরে পাচ্ছেন।

এই অব্যক্ত কেবলই যদি না-মাত্র, শূন্যমাত্র হতেন তা হলে প্রকাশের কোনো অর্থই থাকত না, তা হলে বিজ্ঞানের অভিব্যক্তি কেবল একটা শব্দমাত্র হত। ব্যক্ত যদি অব্যক্তেরই প্রকাশ না হত তা হলে যা-কিছু আছে তা নিশ্চল হয়ে থাকত, কেবলই আরো-কিছুর দিকে আপনাকে নূতন করে তুলত না। এই আরো-কিছুর দিকেই সমস্ত জগতের আনন্দ কেন। এই অজানা আরো-কিছুর বাঁশি শুনেই সে কুল ত্যাগ করে কেন। ওই দিকে শূন্য নয় ব'লেই, ওই দিকেই সে পূর্ণকে অনুভব করে ব'লেই। সেইজন্যই উপনিষদ বলেছেন--ভূমৈব সুখং, ভূমাত্বেব বিজিজ্ঞাসিতব্যঃ। সেইজন্যই তো সৃষ্টির এই লীলা দেখছি, আলো এগিয়ে চলেছে অন্ধকারের অকূলে, অন্ধকার নেমে আসছে আলোর কূলে। আলোর মন ভুলেছে কালোয়, কালোর মন ভুলেছে আলোয়।

মানুষ যখন জগৎকে না-এর দিকে থেকে দেখে, তখন তার রূপক একেবারে উলটে যায়। প্রকাশের একটা উলটো পিঠ আছে, সে হচ্ছে প্রলয়। মৃত্যুর ভিতর দিয়ে ছাড়া প্রাণের বিকাশ হতেই পারে না। হয়ে-ওঠার মধ্যে দুটো জিনিস থাকাই চাই--যাওয়া এবং হওয়া। হওয়াটাই হচ্ছে মুখ্য, যাওয়াটাই গৌণ।

কিন্তু মানুষ যদি উলটো পিঠেই চোখ রাখে, বলে, সবই যাচ্ছে, কিছুই থাকছে না; বলে, জগৎ বিনাশেরই প্রতিরূপ, সমস্তই মায়া, যা-কিছু দেখছি এ-সমস্তই "না'; তা হলে এই প্রকাশের রূপকেই সে কালো ক'রে, ভয়ংকর ক'রে দেখে; তখন সে দেখে, এই কালো কোথাও এগচ্ছে না, কেবল বিনাশের বেশে নৃত্য করছে। আর, অনন্ত রয়েছেন আপনাতে আপনি নির্লিপ্ত, এই কালিমা তাঁর বুকের উপর মৃত্যুর ছায়ার মতো চঞ্চল হয়ে বেড়াচ্ছে, কিন্তু স্তব্ধকে স্পর্শ করতে পারছে না। এই কালো দৃশ্যত আছে, কিন্তু বস্তুত নেই; আর যিনি কেবলমাত্র আছেন, তিনি স্থির, ওই প্রলয়রূপিণী না-থাকা তাঁকে লেশমাত্র বিক্ষুব্ধ করে না। এখানে আলোর সঙ্গে কালোর সেই সম্বন্ধ, থাকার সঙ্গে না-থাকার যে সম্বন্ধ। কালোর সঙ্গে আলোর আনন্দের লীলা নেই; এখানে যোগের অর্থ হচ্ছে প্রেমের যোগ নয়, জ্ঞানের যোগ। দুইয়ের যোগে এক নয়, একের মধ্যেই এক। মিলনে এক নয়, প্রলয়ে এক।

কথাটাকে আর-একটু পরিষ্কার করবার চেষ্টা করি।

একজন লোক ব্যাবসা করছে। সে লোক করছে কী। তার মূলধনকে অর্থাৎ পাওয়া-সম্পদকে সে মুনফা অর্থাৎ না-পাওয়া সম্পদের দিকে প্রেরণ করছে। পাওয়া-সম্পদটা সীমাবদ্ধ ও ব্যক্ত, না-পাওয়া সম্পদটা অসীম ও অব্যক্ত। পাওয়া-সম্পদ সমস্ত বিপদ স্বীকার করে না-পাওয়া সম্পদের অভিসারে চলেছে। না-পাওয়া সম্পদ অদৃশ্য ও অলব্ধ বটে কিন্তু তার বাঁশি বাজছে, সেই বাঁশি ভূমার বাঁশি। যে-বণিক সেই বাঁশি শোনে সে আপন ব্যাঙ্কে-জমানো কোম্পানি-কাগজের কুল ত্যাগ ক'রে সাগর গিরি ডিঙিয়ে বেরিয়ে পড়ে। এখানে কী দেখছি। না, পাওয়া-সম্পদের সঙ্গে না-পাওয়া সম্পদের একটি লাভের যোগ আছে। এই যোগে উভয়ত আনন্দ। কেননা, এই যোগে পাওয়া না-পাওয়াকে পাচ্ছে, এবং না-পাওয়া পাওয়ার মধ্যে ক্রমাগত আপনাকেই পাচ্ছে।

কিন্তু মনে করা যাক, একজন ভীতু লোক বণিকের খাতায় ওই খরচের দিকের হিসাবটাই দেখছে। বণিক কেবলই আপনার পাওয়া টাকা খরচ করেই চলেছে, তার অন্ত নেই। তার গা শিউরে ওঠে। সে বলে, এই তো প্রলয়! খরচের হিসাবের কালোর অঙ্কগুলো রক্তলোলুপ রসনা দুলিয়ে কেবলই যে নৃত্য করছে। যা খরচ, অর্থাৎ বস্তুত যা নেই, তাই প্রকাণ্ড প্রকাণ্ড অঙ্ক-বস্তুর আকার ধরে খাতা জুড়ে বেড়ে বেড়েই চলেছে। একেই তো বলে মায়া। বণিক মুগ্ধ হয়ে এই মায়া-অঙ্কটির চিরদীর্ঘায়মান শৃঙ্খল কাটাতে পারছে না। এ-স্থলে মুক্তিটা কী। না, ওই সচল অঙ্কগুলোকে একেবারে লোপ করে দিয়ে খাতার নিশ্চল নির্বিকার শুভ্র কাগজের মধ্যে নিরাপদ ও নিরঞ্জন হয়ে স্থিরত্ব লাভ করা। দেওয়া ও পাওয়ার মধ্যে যে একটি আনন্দময় সম্বন্ধ আছে যে-

সম্বন্ধ থাকার দরুন মানুষ দুঃসাহসের পথে যাত্রা ক'রে মৃত্যুর মধ্য দিয়ে জয়লাভ করে, ভীতু মানুষ তাকে দেখতে পায় না। তাই বলে--

মায়াময়মিদমখিলং হিত্বা
ব্রহ্মপদং প্রবিশাশু বিদিত্বা।

৫ই জৈষ্ঠ্য ১৩২৩। চীন সমুদ্র। তোসামারু

৮

শুনেছিলুম, পারস্যের রাজা যখন ইংলণ্ডে গিয়েছিলেন তখন হাতেখাওয়ার প্রসঙ্গে তিনি ইংরেজকে বলেছিলেন, "কাঁটাচামচ দিয়ে খেতে গিয়ে তোমরা খাওয়ার একটা আনন্দ থেকে বঞ্চিত হও।" যারা ঘটকের হাত দিয়ে বিয়ে করে তারা কোর্টশিপের আনন্দ থেকে বঞ্চিত হয়। হাত দিয়ে স্পর্শ করেই খাবারের সঙ্গে কোর্টশিপ আরম্ভ হয়। আঙুলের ডগা দিয়েই স্বাদগ্রহণের শুরু।

আমার তেমনি জাহাজ থেকেই জাপানের স্বাদ শুরু হয়েছে। যদি ফরাশি জাহাজে করে জাপানে যেতুম তা হলে আঙুলের ডগা দিয়ে পরিচয় আরম্ভ হত না।

এর আগে অনেকবার বিলিতি জাহাজে করে সমুদ্রযাত্রা করেছি, তার সঙ্গে এই জাহাজের বিস্তর তফাত। সে-সব জাহাজের কাপ্তেন ঘোরতর কাপ্তেন। যাত্রীদের সঙ্গে খাওয়াদাওয়া হাসিতামাশা যে তার বন্ধ তা নয়; কিন্তু কাপ্তেনিটা খুব টক্‌টকে রাঙা। এত জাহাজে আমি ঘুরেছি, তার মধ্যে কোন কাপ্তেনকেই আমার মনে পড়ে না। কেননা, তারা কেবলমাত্র জাহাজের অঙ্গ। জাহাজ-চালানোর মাঝখান দিয়ে তাদের সঙ্গে আমাদের সম্বন্ধ।

হতে পারে আমি যদি য়ুরোপীয় হতুম তা হলে তারা যে কাপ্তেন ছাড়াও আর কিছু, তারা যে মানুষ, এটা আমার অনুভব করতে বিশেষ বাধা হত না। কিন্তু, এ জাহাজেও আমি বিদেশী; একজন য়ুরোপীয়ের পক্ষেও আমি যা, একজন জাপানির পক্ষেও আমি তাই।

এ জাহাজে চড়ে অবধি দেখতে পাচ্ছি, আমাদের কাপ্তেনের কাপ্তেনিটা কিছুমাত্র লক্ষ্যগোচর নয়, একেবারেই সহজ মানুষ। যাঁরা তাঁর নিম্নতর কর্মচারী তাঁদের সঙ্গে তাঁর কর্মের সম্বন্ধ এবং দূরত্ব আছে, কিন্তু যাত্রীদের সঙ্গে কিছুমাত্র নেই। ঘোরতর ঝড়ঝাপটের মধ্যেও তাঁর ঘরে গেছি; দিব্যি সহজ ভাব। কথায় বার্তায় ব্যবহারে তাঁর সঙ্গে আমাদের যে জমে গিয়েছে,সে কাপ্তেন-হিসাবে নয়, মানুষ-হিসাবে। এ যাত্রা আমাদের শেষ হয়ে যাবে, তাঁর সঙ্গে জাহাজ-চলার সম্বন্ধ আমাদের ঘুচে যাবে, কিন্তু তাঁকে আমাদের মনে থাকবে।

আমাদের ক্যাবিনের যে স্টুয়ার্ড আছে সেও দেখি তার কাজকর্মের সীমাটুকুর মধ্যেই শক্ত হয়ে থাকে না। আমরা আপনাদের মধ্যে কথাবার্তা কচ্ছি তার মাঝখানে এসে সেও ভাঙা ইংরাজিতে যোগ দিতে বাধা বোধ করে না। মুকুল ছবি আঁকছে, সে এসে খাতা চেয়ে নিয়ে তার মধ্যে ছবি আঁকতে লেগে গেল।

আমাদের জাহাজের যিনি খাজাঞ্চি তিনি একদিন এসে আমাকে বললেন, "আমার মনে অনেক বিষয়ে প্রশ্ন আসে, তোমার সঙ্গে তার বিচার করতে ইচ্ছে করি; কিন্তু আমি ইংরাজি এত কম জানি যে, মুখ মুখে আলোচনা করা আমার পক্ষে সম্ভব নয়। তুমি যদি কিছু মনে না কর তবে আমি মাঝে মাঝে কাগজে আমার প্রশ্ন লিখে এনে দেব, তুমি অবসরমতো সংক্ষেপে দু-চার কথায় তার উত্তর লিখে দিয়ো।" তার পর থেকে রাষ্ট্রের সঙ্গে সমাজের সম্বন্ধ কী, এই নিয়ে তাঁর সঙ্গে আমার প্রশ্নোত্তর চলছে।

অন্য কোনো জাহাজের খাজাঞ্চি এই-সব প্রশ্ন নিয়ে যে মাথা বকায়, কিম্বা নিজের কাজকর্মের মাঝখানে এরকম উপসর্গের সৃষ্টি করে, এরকম আমি মনে করতে পারি নে। এদের দেখে আমার মনে হয়, এরা নূতনজাগ্রত জাতি--এরা সমস্তই নূতন করে জানতে, নূতন করে ভাবতে উৎসুক। ছেলেরা নতুন জিনিস দেখলে যেমন ব্যগ্র হয়ে ওঠে, আইডিয়া সম্বন্ধে এদের যেন সেইরকম ভাব।

তা ছাড়া আর-একটা বিশেষত্ব এই যে, এক পক্ষে জাহাজের যাত্রী আর-এক পক্ষে জাহাজের কর্মচারী, এর মাঝখানকার গণ্ডিটা তেমন শক্ত নয়। আমি যে এই খাজাঞ্চির প্রশ্নের উত্তর লিখতে বসব, এ কথা মনে করতে তার কিছু বাধে নি--আমি দুটো কথা শুনতে চাই, তুমি দুটো কথা বলবে; এতে বিঘ্ন কী আছে। মানুষের উপর মানুষের যে একটি দাবি আছে সেই দাবিটা সরলভাবে উপস্থিত করলে মনের মধ্যে আপনি সাড়া দেয়, তাই আমি খুশি হয়ে আমার সাধ্যমতো এই আলোচনায় যোগ দিয়েছি।

আর-একটা জিনিস আমার বিশেষ করে চোখে লাগছে। মুকুল বালকমাত্র, সে ডেকের প্যাসেঞ্জার। কিন্তু, জাহাজের কর্মচারীরা তার সঙ্গে অবাধে বন্ধুত্ব করছে। কী করে জাহাজ চালায়, কী করে সমুদ্রে পথ নির্ণয় করে, কী করে গ্রহনক্ষত্র পর্যবেক্ষণ করতে হয়, কাজ করতে করতে তারা এই-সমস্ত তাকে বোঝায়। তা ছাড়া নিজেদের কাজকর্ম আশাভরসার কথাও ওর সঙ্গে হয়। মুকুলের শখ গেল, জাহাজের এঞ্জিনের ব্যাপার দেখবে। ওকে কাল রাত্রি এগারোটার সময় জাহাজের পাতালপুরীর মধ্যে নিয়ে গিয়ে এক ঘন্টা ধরে সমস্ত দেখিয়ে আনলে।

কাজের সম্বন্ধের ভিতর দিয়েও মানুষের সঙ্গে আত্মীয়তার সম্বন্ধ, এইটেই বোধ হয় আমাদের পূর্বদেশের জিনিস। পশ্চিমদেশ কাজকে খুব শক্ত করে খাড়া করে রাখে, সেখানে মানবসম্বন্ধের দাবি ঘেঁষতে পারে না। তাতে কাজ খুব পাকা হয় সন্দেহ নেই। আমি ভেবেছিলুম, জাপান তো য়ুরোপের কাছ থেকে কাজের দীক্ষা গ্রহণ করেছে, অতএব তার কাজের গণ্ডিও বোধ হয় পাকা।

কিন্তু, এই জাপানি জাহাজে কাজ দেখতে পাচ্ছি, কাজের গণ্ডিগুলোকে দেখতে পাচ্ছি নে। মনে হচ্ছে, যেন আপনার বাড়িতে আছি, কোম্পানির জাহাজে নেই। অথচ, ধোওয়া মাজা প্রভৃতি জাহাজের নিত্যকর্মের কোনো খুঁত নেই।

প্রাচ্যদেশে মানবসমাজের সম্বন্ধগুলি বিচিত্র এবং গভীর। পূর্বপুরুষ যাঁরা মারা গিয়েছেন তাঁদের সঙ্গেও আমাদের সম্বন্ধ ছিন্ন হয় না। আমাদের আত্মীয়তার জাল বহুবিস্তৃত। এই নানা সম্বন্ধের নানা দাবি মেটানো আমাদের চিরাভ্যস্ত, সেইজন্যে তাতে আমাদের আনন্দ। আমাদের ভৃত্যেরাও কেবল বেতনের নয়, আত্মীয়তার দাবি করে। সেইজন্যে যেখানে আমাদের কোনো দাবি চলে না, যেখানে কাজ অত্যন্ত খাড়া, সেখানে আমাদের প্রকৃতি কষ্ট পায়। অনেক সময় ইংরেজ মনিবের সঙ্গে বাঙালি কর্মচারীর যে বোঝাপড়ার অভাব ঘটে তার কারণ এই--ইংরেজ কর্তা বাঙালি কর্মচারীর দাবি বুঝতে পারে না, বাঙালি কর্মচারী ইংরেজ কর্তার কাজের কড়া শাসন বুঝতে পারে না। কর্মশালার কর্তা যে কেবলমাত্র কর্তা হবে তা নয়, মা-বাপ হবে, বাঙালি কর্মচারী চিরকালের অভ্যাসবশত এইটে প্রত্যাশা করে; যখন বাধা পায় তখন আশ্চর্য হয়, এবং মনে মনে মনিবকে দোষ না দিয়ে থাকতে পারে না। ইংরেজ কাজের দাবিকে মানতে অভ্যস্ত, বাঙালি মানুষের দাবিকে মানতে অভ্যস্ত; এইজন্যে উভয় পক্ষে ঠিকমতো মিটমাট হতে চায় না।

কিন্তু, কাজের সম্বন্ধ এবং মানুষের সম্বন্ধ এ দুইয়ের বিচ্ছেদ না হয়ে সামঞ্জস্য হওয়াটাই দরকার, এ কথা না মনে করে থাকা যায় না। কেমন করে সামঞ্জস্য হতে পারে, বাইরে থেকে তার কোনো বাঁধা নিয়ম ঠিক করে দেওয়া যায় না। সত্যকার সামঞ্জস্য প্রকৃতির ভিতর থেকে ঘটে। আমাদের দেশে প্রকৃতির এই ভিতরকার সামঞ্জস্য ঘটে ওঠা কঠিন, কেননা, যাঁরা আমাদের কাজের কর্তা তাঁদের নিয়ম অনুসারেই আমরা কাজ চালাতে বাধ্য।

জাপানে প্রাচ্যমন পাশ্চাত্যের কাছ থেকে কাজের শিক্ষালাভ করেছে, কিন্তু কাজের কর্তা তারা নিজেই। এইজন্যে মনের ভিতরে একটা আশা হয় যে, জাপানে হয়তো পাশ্চাত্য কাজের সঙ্গে প্রাচ্যভাবের একটা সামঞ্জস্য ঘটে উঠতে পারে। যদি সেটা ঘটে, তবে সেইটেই পূর্ণতার আদর্শ হবে। শিক্ষার প্রথম অবস্থায় অনুকরণের ঝাঁজটা যখন কড়া থাকে তখন বিধিবিধান সম্বন্ধে ছাত্র গুরুর চেয়ে আরো কড়া হয়; কিন্তু ভিতরকার প্রকৃতি আস্তে আস্তে আপনার কাজ করতে থাকে, এবং শিক্ষার কড়া অংশগুলোকে নিজের জারক রসে গলিয়ে আপন করে নেয়। এই জীর্ণ করে নেওয়ার কাজটা একটু সময়সাধ্য। এইজন্যেই পশ্চিমের শিক্ষা জাপানে কী আকার ধারণ করবে, সেটা স্পষ্ট করে দেখবার সময় এখনো হয় নি। সম্ভবত, এখন আমরা প্রাচ্য-পাশ্চাত্যের বিস্তর অসামঞ্জস্য দেখতে পাব, যেটা কুশ্রী। আমাদের দেশেও পদে পদে তা দেখতে পাওয়া যায়।

কিন্তু, প্রকৃতির কাজই হচ্ছে অসামঞ্জস্যগুলোকে মিটিয়ে দেওয়া। জাপানে সেই কাজ চলছে সন্দেহ নেই। অন্তত, এই জাহাজটুকুর মধ্যে আমি তো এই দুই ভাবের মিলনের চিহ্ন দেখতে পাচ্ছি।

৯

২রা জ্যৈষ্ঠে আমাদের জাহাজ সিঙাপুরে এসে পৌঁছল। অনতিকাল পরেই একজন জাপানি যুবক আমার সঙ্গে দেখা করতে এলেন; তিনি এখানকার একটি জাপানি কাগজের সম্পাদক; তিনি আমাকে বললেন, তাঁদের জাপানের সবচেয়ে বড়ো দৈনিকপত্রের সম্পাদকের কাছ থেকে তাঁরা তার পেয়েছেন যে, আমি জাপানে যাচ্ছি; সেই সম্পাদক আমার কাছ থেকে একটি বক্তৃতা আদায় করবার জন্যে অনুরোধ করেছেন। আমি বললুম, জাপানে না পৌঁছে আমি এ বিষয়ে আমার সম্মতি জানাতে পারব না। তখনকার মতো এইটুকুতেই মিটে গেল। আমাদের যুবক ইংরেজ বন্ধু পিয়ার্সন এবং মুকুল শহর দেখতে বেরিয়ে গেলেন। জাহাজ একেবারে ঘাটে লেগেছে। এই জাহাজের ঘাটের চেয়ে কুশ্রী বিভীষিকা আর নেই--এরই মধ্যে ঘন মেঘ করে বাদলা দেখা দিলে। বিকট ঘড় ঘড় শব্দে জাহাজ থেকে মাল ওঠানো নাবানো চলতে লাগল। আমি কুঁড়ে মানুষ; কোমর বেঁধে শহর দেখতে বেরনো আমার ধাতে নেই। আমি সেই বিষম গোলমালের সাইক্লোনের মধ্যে ডেক-এ বসে মনকে কোনোমতে শান্ত করে রাখবার জন্যে লিখতে বসে গেলুম।

খানিক বাদে কাপ্তেন এসে খবর দিলেন যে, একজন জাপানি মহিলা আমার সঙ্গে দেখা করতে চান। আমি লেখা বন্ধ ক'রে একটি ইংরাজি-বেশ পরা জাপানি মহিলার সঙ্গে আলাপে প্রবৃত্ত হলুম। তিনিও সেই জাপানি সম্পাদকের পক্ষ নিয়ে বক্তৃতা করবার জন্যে আমাকে অনুরোধ করতে লাগলেন। আমি বহু কষ্টে সে অনুরোধ কাটালুম। তখন তিনি বললেন, "আপনি যদি একটু শহর বেড়িয়ে আসতে ইচ্ছা করেন তো আপনাকে সব দেখিয়ে আনতে পারি।" তখন সেই বস্তা তোলার নিরন্তর শব্দ আমার মনটাকে জাঁতার মতো পিষছিল, কোথাও পালাতে পারলে বাঁচি; সুতরাং আমাকে বেশি পীড়াপীড়ি করতে হল না। সেই মহিলাটির মোটর গাড়িতে ক'রে শহর ছাড়িয়ে রবার গাছের আবাদের ভিতর দিয়ে, উঁচু-নিচু পাহাড়ের পথে অনেকটা দূর ঘুরে এলুম। জমি ঢেউ-খেলানো, ঘাস ঘন সবুজ, রাস্তার পাশ দিয়ে একটি ঘোলা জলের স্রোত কল্‌কল্‌ করে এঁকে বেঁকে ছুটে চলেছে, জলের মাঝে মাঝে আঁটিবাঁধা কাটা বেত ভিজছে। রাস্তার দুই ধারে সব বাগানবাড়ি। পথে ঘাটে চীনেই বেশি; এখানকার সকল কাজেই তারা আছে।

গাড়ি শহরের মধ্যে যখন এল, মহিলাটি তাঁর জাপানি জিনিসের দোকানে আমাকে নিয়ে গেলেন। তখন সন্ধ্যা হয়ে এসেছে; মনে মনে ভাবছি, জাহাজে আমাদের সন্ধ্যাবেলাকার খাবার সময় হয়ে এল; কিন্তু সেখানে সেই শব্দের ঝড়ে বস্তা তোলপাড় করছে কল্পনা ক'রে কোনোমতেই ফিরতে মন লাগছিল না। মহিলাটি একটি ছোটো ঘরের মধ্যে বসিয়ে, আমাকে ও আমার সঙ্গী ইংরাজটিকে থালায় ফল সাজিয়ে খেতে অনুরোধ করলেন। ফল খাওয়া হলে পর তিনি আস্তে আস্তে অনুরোধ করলেন, যদি আপত্তি না থাকে তিনি আমাদের হোটেলে খাইয়ে আনতে ইচ্ছা

করেন। তাঁর এ অনুরোধও আমরা লঙ্ঘন করি নি। রাত্রি প্রায় দশটার সময় তিনি আমাদের জাহাজে পৌঁছিয়ে দিয়ে বিদায় নিয়ে গেলেন।

এই রমণীর ইতিহাসে কিছু বিশেষত্ব আছে এঁর স্বামী জাপানে আইনব্যবসায়ী ছিলেন। কিন্তু সে ব্যবসায় যথেষ্ট লাভজনক ছিল না। তাই আয়ব্যয়ের সামঞ্জস্য হওয়া কঠিন হয়ে উঠছিল। স্ত্রীই স্বামীকে প্রস্তাব করলেন, "এসো আমরা একটা কিছু ব্যাবসা করি।" স্বামী প্রথমে তাতে নারাজ ছিলেন। তিনি বললেন, "আমাদের বংশে ব্যাবসা তো কেউ করে নি, ওটা আমাদের পক্ষে একটা হীন কাজ।" শেষকালে স্ত্রীর অনুরোধে রাজি হয়ে জাপান থেকে দুজনে মিলে সিঙাপুরে এসে দোকান খুললেন। সে আজ আঠারো বৎসর হল। আত্মীয়বন্ধু সকলেই একবাক্যে বললে, এইবার এরা মজল। এই স্ত্রীলোকটির পরিশ্রমে, নৈপুণ্যে এবং লোকের সঙ্গে ব্যবহারকুশলতায়, ক্রমশই ব্যবসায়ের উন্নতি হতে লাগল। গত বৎসরে এঁর স্বামীর মৃত্যু হয়েছে; এখন এঁকে একলাই সমস্ত কাজ চালাতে হচ্ছে।

বস্তুত, এই ব্যাবসাটি এই স্ত্রীলোকেরই নিজের হাতে তৈরি। আমি যে-কথা বলছিলুম এই ব্যবসায়ে তারই প্রমাণ দেখতে পাই। মানুষের মন বোঝা এবং মানুষের সঙ্গে সম্বন্ধ রক্ষা করা স্ত্রীলোকের স্বভাবসিদ্ধ; এই মেয়েটির মধ্যে আমরাই তার পরিচয় পেয়েছি। তার পরে, কর্মকুশলতা মেয়েদের স্বাভাবিক। পুরুষ স্বভাবত কুঁড়ে, দায়ে পড়ে তাদের কাজ করতে হয়। মেয়েদের মধ্যে একটা প্রাণের প্রাচুর্য আছে যার স্বাভাবিক বিকাশ হচ্ছে কর্মপরতা। কর্মের সমস্ত খুঁটিনাটি যে কেবল ওরা সহ্য করতে পারে তা নয়, তাতে ওরা আনন্দ পায়। তা ছাড়া দেনাপাওনা সম্বন্ধে ওরা সাবধানি। এইজন্যে, যে-সব কাজে দৈহিক বা মানসিক সাহসিকতার দরকার হয় না সে-সব কাজ মেয়েরা পুরুষের চেয়ে ঢের ভালো করতে পারে, এই আমার বিশ্বাস। স্বামী যেখানে সংসার ছারখার করেছে সেখানে স্বামীর অবর্তমানে স্ত্রীর হাতে সংসার পড়ে সমস্ত সুশৃঙ্খলায় রক্ষা পেয়েছে, আমাদের দেশে তার বিস্তর প্রমাণ আছে। শুনেছি, ফ্রান্সের মেয়েরাও ব্যবসায়ে আপনাদের কর্মনৈপুণ্যের পরিচয় দিয়েছে। যে-সব কাজে উদ্ভাবনার দরকার নেই, যে-সব কাজে পটুতা পরিশ্রম ও লোকের সঙ্গে ব্যবহারই সবচেয়ে দরকার, সে-সব কাজ মেয়েদের।

৩রা জ্যৈষ্ঠ সকালে আমাদের জাহাজ ছাড়লে। ঠিক এই ছাড়বার সময় একটি বিড়াল জলের মধ্যে পড়ে গেল। তখন সমস্ত ব্যস্ততা ঘুচে গিয়ে, ওই বিড়ালকে বাঁচানোই প্রধান কাজ হয়ে

উঠল। নানা উপায়ে নানা কৌশলে তাকে জল থেকে উঠিয়ে তবে জাহাজ ছাড়লে। এতে জাহাজ ছাড়ার নির্দিষ্ট সময় পেরিয়ে গেল। এইটিতে আমাকে বড়ো আনন্দ দিয়েছে।

৮ই জৈষ্ঠ্য ১৩২৩। চীন সমুদ্র। তোসামারু জাহাজ

১০

সমুদ্রের উপর দিয়ে আমাদের দিনগুলি ভেসে চলেছে পালের নৌকার মতো। সে নৌকা কোনো ঘাটে যাবার নৌকা নয়, তাতে কোনো বোঝাই নেই। কেবলমাত্র ঢেউয়ের সঙ্গে, বাতাসের সঙ্গে, আকাশের সঙ্গে কোলাকুলি করতে তারা বেরিয়েছে। মানুষের লোকালয় মানুষের বিশ্বের প্রতিদ্বন্দ্বী। সেই লোকালয়ের দাবি মিটিয়ে সময় পাওয়া যায় না, বিশ্বের নিমন্ত্রণ আর রাখতেই পারি নে। চাঁদ যেমন তার একটা মুখ সূর্যের দিকে ফিরিয়ে রেখেছে, তার আর-একটা মুখ অন্ধকার, তেমনি লোকালয়ের প্রচণ্ড টানে মানুষের সেই দিকের পিঠটাতেই চেতনার সমস্ত আলো খেলছে, অন্য একটা দিক আমরা ভুলেই গেছি; বিশ্ব যে মানুষের কতখানি, সে আমাদের খেয়ালেই আসে না।

সত্যকে যেদিকে ভুলি কেবল যে সেই দিকেই লোকসান তা নয়, সে লোকসান সকল দিকেই। বিশ্বকে মানুষ যে পরিমাণে যতখানি বাদ দিয়ে চলে তার লোকালয়ের তাপ এবং কলুষ সেই পরিমাণে ততখানি বেড়ে ওঠে। সেইজন্যেই ক্ষণে ক্ষণে মানুষের একেবারে উলটোদিকে টান আসে। সে বলে, "বৈরাগ্যমেবাভয়ং"--বৈরাগ্যের কোনো বালাই নেই। সে ব'লে বসে, সংসার কারাগার; মুক্তি খুঁজতে, শান্তি খুঁজতে সে বনে পর্বতে সমুদ্রতীরে ছুটে যায়। মানুষ সংসারের সঙ্গে বিশ্বের বিচ্ছেদ ঘটিয়েছে বলেই বড়ো করে প্রাণের নিশ্বাস নেবার জন্যে তাকে সংসার ছেড়ে বিশ্বের দিকে যেতে হয়। এতবড়ো অদ্ভুত কথা তাই মানুষকে বলতে হয়েছে--মানুষের মুক্তির রাস্তা মানুষের কাছ থেকে দূরে।

লোকালয়ের মধ্যে যখন থাকি অবকাশ জিনিসটাকে তখন ডরাই। কেননা, লোকালয় জিনিসটা একটা নিরেট জিনিস, তার মধ্যে ফাঁকমাত্রই ফাঁকা। সেই ফাঁকটাই কোনোমতে চাপা দেবার জন্যে আমাদের মদ চাই, তাস পাশা চাই, রাজা-উজির মারা চাই--নইলে সময় কাটে না। অর্থাৎ সময়টাকে আমরা চাই নে, সময়টাকে আমরা বাদ দিতে চাই।

কিন্তু, অবকাশ হচ্ছে বিরাট সিংহাসন। অসীম অবকাশের মধ্যে বিশ্বের প্রতিষ্ঠা। বৃহৎ যেখানে আছে অবকাশ সেখানে ফাঁকা নয়, একেবারে পরিপূর্ণ। সংসারের মধ্যে যেখানে বৃহৎকে আমরা রাখি নি সেখানে অবকাশ এমন ফাঁকা; বিশ্বে যেখানে বৃহৎ বিরাজমান সেখানে অবকাশ এমন গভীরভাবে মনোহর। গায়ে কাপড় না থাকলে মানুষের যেমন লজ্জা, সংসারে অবকাশ আমাদের তেমনি লজ্জা দেয়; কেননা, ওটা কিনা শূন্য তাই ওকে আমরা বলি জড়তা, আলস্য--কিন্তু,

সত্যকার সন্ন্যাসীর পক্ষে অবকাশে লজ্জা নেই, কেননা, তার অবকাশ পূর্ণতা, সেখানে উলঙ্গতা নেই।

এ কেমনতরো? যেমন প্রবন্ধ এবং গান। প্রবন্ধে কথা যেখানে থামে সেখানে কেবলমাত্র ফাঁকা। গানে কথা যেখানে থামে সেখানে সুরে ভরাট। বস্তুত, সুর যতই বৃহৎ হয়, ততই কথার অবকাশ বেশি থাকা চাই। গায়কের সার্থকতা কথার ফাঁকে, লেখকের সার্থকতা কথার ঝাঁকে।

আমরা লোকালয়ের মানুষ এই যে জাহাজে করে চলছি, এইবার আমরা কিছুদিনের জন্যে বিশ্বের দিকে মুখ ফেরাতে পেরেছি। সৃষ্টির যে-পিঠে অনেকের ঠেলাঠেলি ভিড় সেদিক থেকে যে-পিঠে একের আসন সেদিকে এসেছি। দেখতে পাচ্ছি, এই যে নীল আকাশ এবং নীল সমুদ্রের বিপুল অবকাশ এ যেন অমৃতের পূর্ণ ঘট।

অমৃত--সে যে শুভ্র আলোর মতো পরিপূর্ণ এক। শুভ্র আলোয় বহুবর্ণচ্ছটা একে মিলেছে, অমৃতরসের তেমনি বহুরস একে নিবিড়। জগতে এই এক আলো যেমন নানাবর্ণে বিচিত্র, সংসারে তেমনি এই এক রসই নানা রসে বিভক্ত। এইজন্যে, অনেককে সত্য করে জানতে হলে সেই এককে সঙ্গে সঙ্গে জানতে হয়। গাছ থেকে যে-ডাল কাটা হয়েছে সে-ডালের ভার মানুষকে বইতে হয়; গাছে যে-ডাল আছে সে ডাল মানুষের ভার বইতে পারে। এক থেকে বিচ্ছিন্ন যে অনেক তারই ভার মানুষের পক্ষে বোঝা; একের মধ্যে বিধৃত যে অনেক সেই তো মানুষকে সম্পূর্ণ আশ্রয় দিতে পারে।

সংসারে একদিকে আবশ্যকের ভিড়, অন্যদিকে অনাবশ্যকের। আবশ্যকের দায় আমাদের বহন করতেই হবে, তাতে আপত্তি করলে চলবে না। যেমন ঘরে থাকতে হলে দেয়াল না হলে চলে না, এও তেমনি। কিন্তু সবটাই তো দেয়াল নয়। অন্তত খানিকটা করে জানলা থাকে, সেই ফাঁক দিয়ে আমরা আকাশের সঙ্গে আত্মীয়তা রক্ষা করি। কিন্তু, সংসারে দেখতে পাই, লোকে ওই জানলাটুকু সইতে পারে না। ওই ফাঁকটুকু ভরিয়ে দেবার জন্যে যতরকম সাংসারিক অনাবশ্যকের সৃষ্টি। ঐ জানলাটার উপর বাজে কাজ, বাজে চিঠি, বাজে সভা, বাজে বক্তৃতা, বাজে হাঁস্‌ফাঁস্‌ মেরে দিয়ে দশে মিলে ঐ ফাঁকটাকে একেবারে বুজিয়ে ফেলা হয়। নারকেলের ছিবড়ের মতো, এই অনাবশ্যকের পরিমাণটাই বেশি। ঘরে বাইরে, ধর্মে কর্মে, আমোদে আহ্লাদে, সকল বিষয়েই এরই অধিকার সবচেয়ে বড়ো; এর কাজই হচ্ছে ফাঁক বুজিয়ে বেড়ানো।

কিন্তু, কথা ছিল ফাঁক বোজাব না, কেননা, ফাঁকের ভিতর দিয়ে ছাড়া পূর্ণকে পাওয়া যায় না। ফাঁকের ভিতর দিয়েই আলো আসে, হাওয়া আসে। কিন্তু, আলো হাওয়া আকাশ যে মানুষের তৈরি জিনিস নয়, তাই লোকালয় পারতপক্ষে তাদের জন্যে জায়গা রাখতে চায় না--তাই আবশ্যক বাদে যেটুকু নিরালা থাকে সেটুকু অনাবশ্যক দিয়ে ঠেসে ভরতি করে দেয়। এমনি করে মানুষ আপনার দিনগুলোকে তো নিরেট করে তুলেইছে, রাত্রিটাকেও যতখানি পারে ভরাট করে দেয়। ঠিক যেন কলকাতার ম্যুনিসিপ্যালিটির আইন। যেখানে যত পুকুর আছে বুজিয়ে ফেলতে হবে, রাবিশ দিয়ে হোক, যেমন করে হোক। এমন কি, গঙ্গাকেও যতখানি পারা যায় পুল-চাপা, জেটি-চাপা, জাহাজ-চাপা দিয়ে গলা টিপে মারবার চেষ্টা। ছেলেবেলাকার কলকাতা মনে পড়ে; ওই পুকুরগুলোই ছিল আকাশের স্যাঙাত, শহরের মধ্যে ওইখানটাতে দ্যুলোক এই ভূলোকে একটুখানি পা ফেলবার জায়গা পেত, ওইখানেই আকাশের আলোকের আতিথ্য করবার জন্য পৃথিবী আপন জলের আসনগুলি পেতে রেখেছিল।

আবশ্যকের একটা সুবিধা এই যে তার একটা সীমা আছে। সে সম্পূর্ণ বেতালা হতে পারে না; সে দশটা-চারটেকে স্বীকার করে, তার পার্বণের ছুটি আছে, সে রবিবারকে মানে, পারতপক্ষে রাত্রিকে সে ইলেকট্রিক লাইট দিয়ে একেবারে হেসে উড়িয়ে দিতে চায় না। কেননা, সে যেটুকু সময় নেয় আয়ু দিয়ে, অর্থ দিয়ে তার দাম চুকিয়ে দিতে হয়; সহজে কেউ তার অপব্যয় করতে পারে না। কিন্তু, অনাবশ্যকের তালমানের বোধ নেই; সে সময়কে উড়িয়ে দেয়, অসময়কে টিঁকতে দেয় না। সে সদর রাস্তা দিয়ে ঢোকে, খিড়কির রাস্তা দিয়ে ঢোকে, আবার জানালা দিয়ে ঢুকে পড়ে। সে কাজের সময় দরজায় ঘা মারে, ছুটির সময় হুড়মুড় করে আসে, রাত্রে ঘুম ভাঙিয়ে দেয়। তার কাজ নেই ব'লেই তার ব্যস্ততা আরো বেশি।

আবশ্যক কাজের পরিমাণ আছে, অনাবশ্যক কাজের পরিমাণ নেই; এইজন্যে অপরিমেয়ের আসনটি ওই লক্ষ্মীছাড়াই জুড়ে বসে, ওকে ঠেলে ওঠানো দায় হয়। তখনই মনে হয়, দেশ ছেড়ে পালাই, সন্ন্যাসী হয়ে বেরই, সংসারে আর টেঁকা যায় না!

যাক্, যেমনি বেরিয়ে পড়েছি অমনি বুঝতে পেরেছি, বিরাট বিশ্বের সঙ্গে আমাদের যে আনন্দের সম্বন্ধ সেটাকে দিনরাত অস্বীকার করে কোনো বাহাদুরি নেই। এই যে ঠেলাঠেলি ঠেসাঠেসি নেই অথচ সমস্ত কানায় ভরা, এইখানকার দর্পণটিতে যেন নিজের মুখের ছায়া দেখতে পেলুম। "আমি আছি" এই কথাটা গলির মধ্যে, ঘরবাড়ির মধ্যে ভারি ভেঙে চুরে বিকৃত হয়ে দেখা দেয়। এই কথাটাকে এই সমুদ্রের উপর আকাশের উপর সম্পূর্ণ ছড়িয়ে দিয়ে দেখলে তবে তার মানে বুঝতে পারি; তখন আবশ্যককে ছাড়িয়ে, অনাবশ্যককে পেরিয়ে আনন্দলোকে তার অভ্যর্থনা

দেখতে পাই; তখন স্পষ্ট করে বুঝি, ঋষি কেন মানুষদের অমৃতস্য পুত্রাঃ ব'লে আহ্বান করেছিলেন।

১১

সেই খিদিরপুরের ঘাট থেকে আরম্ভ করে আর এই হংকঙের ঘাট পর্যন্ত, বন্দরে বন্দরে বাণিজ্যের চেহারা দেখে আসছি। সে যে কী প্রকাণ্ড, এমন ক'রে তাকে চোখে না দেখলে বোঝা যায় না। শুধু প্রকাণ্ড নয়, সে একটা জবড়জঙ্গ ব্যাপার। কবিকঙ্কণচণ্ডীতে ব্যাধের আহারের যে বর্ণনা আছে--সে এক-এক গ্রাসে এক-এক তাল গিলছে, তার ভোজন উৎকট, তার শব্দ উৎকট, এও সেইরকম; এই বাণিজ্যব্যাধটাও হাঁস্‌ফাঁস্‌ করতে করতে এক-এক পিণ্ড মুখে যা পুরছে, সে দেখে ভয় হয়। তার বিরাম নেই, আর তার শব্দই বা কী। লোহার হাত দিয়ে মুখে তুলছে, লোহার দাঁত দিয়ে চিবচ্ছে, লোহার পাকযন্ত্রে চিরপ্রদীপ্ত জঠরানলে হজম করছে এবং লোহার শিরা উপশিরার ভিতর দিয়ে তার জগৎজোড়া কলেবরের সর্বত্র সোনার রক্তস্রোত চালান করে দিচ্ছে।

একে দেখে মনে হয় যে, এ একটা জন্তু, এ যেন পৃথিবীর প্রথম যুগের দানব জন্তুগুলোর মতো। কেবলমাত্র তার লেজের আয়তন দেখলেই শরীর আঁতকে ওঠে। তার পরে, সে জলচর হবে, কি স্থলচর হবে, কি পাখি হবে, এখনো তা স্পষ্ট ঠিক হয় নি; সে খানিকটা সরীসৃপের মতো, খানিকটা বাদুড়ের মতো, খানিকটা গণ্ডারের মতো। অঙ্গসৌষ্ঠব বলতে যা বোঝায় তা তার কোথাও কিছুমাত্র নেই। তার গায়ের চামড়া ভয়ংকর স্থূল; তার থাবা যেখানে পড়ে সেখানে পৃথিবীর গায়ের কোমল সবুজ চামড়া উঠে গিয়ে একেবারে তার হাড় বেরিয়ে পড়ে; চলবার সময় তার বৃহৎ বিরূপ লেজটা যখন নড়তে থাকে তখন তার গ্রন্থিতে গ্রন্থিতে সংঘর্ষ হয়ে এমন আওয়াজ হতে থাকে যে, দিগঙ্গনারা মূর্ছিত হয়ে পড়ে। তার পরে, কেবলমাত্র তার এই বিপুল দেহটা রক্ষা করবার জন্যে এত রাশি রাশি খাদ্য তার দরকার হয়, ধরিত্রী ক্লিষ্ট হয়ে ওঠে। সে যে কেবলমাত্র খাবা খাবা জিনিস খাচ্ছে তা নয়, সে মানুষ খাচ্ছে--স্ত্রী পুরুষ ছেলে কিছুই সে বিচার করে না।

কিন্তু, জগতের সেই প্রথম যুগের দানব-জন্তুগুলো টিঁকল না। তাদের অপরিমিত বিপুলতাই পদে পদে তাদের বিরুদ্ধে সাক্ষি দেওয়াতে, বিধাতার আদালতে তাদের প্রামদণ্ডের বিধান হল। সৌষ্ঠব জিনিসটা কেবলমাত্র সৌন্দর্যের প্রমাণ দেয় না, উপযোগিতারও প্রমাণ দেয়। হাঁস্‌ফাঁস্‌টা যখন অত্যন্ত বেশি চোখে পড়ে, আয়তনটার মধ্যে যখন কেবলমাত্র শক্তি দেখি, শ্রী দেখি নে, তখন বেশ বুঝতে পারা যায়, বিশ্বের সঙ্গে তার সামঞ্জস্য নেই; বিশ্বশক্তির সঙ্গে তার শক্তির নিরন্তর সংঘর্ষ হতে হতে একদিন তাকে হার মেনে হাল ছেড়ে তলিয়ে যেতে হবেই। প্রকৃতির গৃহিনীপনা কখনোই কদর্য অমিতাচারকে অধিক দিন সইতে পারে না; তার ঝাঁটা এসে পড়ল বলে। বাণিজ্যদানবটা নিজের বিরূপতায়, নিজের প্রকাণ্ড ভারের মধ্যে নিজের প্রাণদণ্ড বহন করছে। একদিন আসছে যখন তার লোহার কঙ্কালগুলোকে আমাদের যুগের স্তরের মধ্যে থেকে

আবিষ্কার ক'রে পুরাতত্ত্ববিদ্‌রা এই সর্বভুক দানবটার অদ্ভুত বিষমতা নিয়ে বিস্ময় প্রকাশ করবে।

প্রাণীজগতে মানুষের যে যোগ্যতা, সে তার দেহের প্রাচুর্য নিয়ে নয়। মানুষের চামড়া নরম, তার গায়ের জোর অল্প, তার ইন্দ্রিয়শক্তিও পশুদের চেয়ে কম বৈ বেশি নয়। কিন্তু, সে এমন একটি বল পেয়েছে যা চোখে দেখা যায় না, যা জায়গা জোড়ে না, যা কোনো স্থানের উপর ভর না করেও সমস্ত জগতে আপন অধিকার বিস্তার করছে। মানুষের মধ্যে দেহপরিধি দৃশ্যজগৎ থেকে সরে গিয়ে অদৃশ্যের মধ্যে প্রবল হয়ে উঠেছে। বাইবেলে আছে, যে নম্র সেই পৃথিবীকে অধিকার করবে; তার মানেই হচ্ছে, নম্রতার শক্তি বাইরে নয়, ভিতরে--সে যত কম আঘাত দেয় ততই সে জয়ী হয়। সে রণক্ষেত্রে লড়াই করে না; অদৃশ্যলোকে বিশ্বশক্তির সঙ্গে সন্ধি করে সে জয়ী হয়।

বাণিজ্যদানবকেও একদিন তার দানবলীলা সংবরণ করে মানব হতে হবে। আজ এই বাণিজ্যের মস্তিষ্ক কম, ওর হৃদয় তো একেবারেই নেই; সেইজন্যে পৃথিবীতে ও কেবল আপনার ভার বাড়িয়ে চলেছে। কেবলমাত্র প্রাণপণ শক্তিতে আপনার আয়তনকে বিস্তীর্ণতর করে করেই ও জিততে চাচ্ছে। কিন্তু, একদিন যে জয়ী হবে তার আকার ছোটো, তার কর্মপ্রণালী সহজ; মানুষের হৃদয়কে, সৌন্দর্যবোধকে, ধর্মবুদ্ধিকে সে মানে; সে নম্র, সে সুশ্রী, সে কদর্যভাবে লুব্ধ নয়; তার প্রতিষ্ঠা অন্তরের সুব্যবস্থায়, বাইরের আয়তনে না; সে কাউকে বঞ্চিত ক'রে বড়ো নয়, সে সকলের সঙ্গে সন্ধি ক'রে বড়ো। আজকের দিনে পৃথিবীতে মানুষের সকল অনুষ্ঠানের মধ্যে এই বাণিজ্যের অনুষ্ঠান সব চেয়ে কুশ্রী; আপন ভারের দ্বারা পৃথিবীকে সে ক্লান্ত করছে, আপন শব্দের দ্বারা পৃথিবীকে বধির করছে, আপন আবর্জনার দ্বারা পৃথিবীকে মলিন করছে, আপন লোভের দ্বারা পৃথিবীকে আহত করছে। এই যে পৃথিবীব্যাপী কুশ্রীতা, এই যে বিদ্রোহ--রূপ রস গন্ধ স্পর্শ এবং মানবহৃদয়ের বিরুদ্ধে--এই যে লোভকে বিশ্বের রাজসিংহাসনে বসিয়ে তার কাছে দাসখত লিখে দেওয়া, এ প্রতিদিনই মানুষের শ্রেষ্ঠ মনুষ্যত্বকে আঘাত করছেই, তার সন্দেহ নেই। মুনফার নেশায় উন্মত্ত হয়ে এই বিশ্বব্যাপী দ্যূতক্রীড়ায় মানুষ নিজেকে পণ রেখে কতদিন খেলা চালাবে? এ খেলা ভাঙতেই হবে। যে-খেলায় মানুষ লাভ করবার লোভে নিজেকে লোকসান করে চলেছে, সে কখনোই চলবে না।

৯ই জ্যৈষ্ঠ। মেঘ বৃষ্টি বাদল কুয়াশায় আকাশ ঝাপসা হয়ে আছে; হংকং বন্দরের পাহাড়গুলো দেখা দিয়েছে, তাদের গায় বেয়ে বেয়ে ঝরনা ঝরে পড়ছে। মনে হচ্ছে, দৈত্যের দল সমুদ্রে ডুব দিয়ে তাদের ভিজে মাথা জলের উপর তুলেছে, তাদের জটা বেয়ে দাড়ি বেয়ে জল ঝরছে। এণ্ড্রুজ সাহেব বলছেন, দৃশ্যটা যেন পাহাড়-ঘেরা স্কট্‌ল্যাণ্ডের হ্রদের মতো; তেমনিতরো ঘন সবুজ বেঁটে বেঁটে পাহাড়, তেমনিতরো ভিজে কম্বলের মতো আকাশের মেঘ, তেমনিতরো কুয়াশার ন্যাতা

বুলিয়ে অল্প অল্প মুছে ফেলা জলস্থলের মূর্তি। কাল সমস্ত রাত বৃষ্টি বাতাস গিয়েছে; কাল বিছানা আমার ভার বহন করে নি, আমিই বিছানাটাকে বহন করে ডেকের এধার থেকে ওধারে আশ্রয় খুঁজে খুঁজে ফিরেছি। রাত যখন সাড়ে দুপুর হবে, তখন এই বাদলের সঙ্গে মিথ্যা বিরোধ করবার চেষ্টা না করে তাকে প্রসন্ন মনে মেনে নেবার জন্যে প্রস্তুত হলুম। একধারে দাঁড়িয়ে ওই বাদলার সঙ্গে তান মিলিয়েই গান ধরলুম--শ্রাবণের ধারার মতো পড়ুক ঝরে। এমনি করে ফিরে ফিরে অনেকগুলো গান গাইলুম, বানিয়ে বানিয়ে একটা নতুন গানও তৈরি করলুম, কিন্তু বাদলের সঙ্গে কবির লড়াইয়ে এই মর্ত্যবাসীকেই হার মানতে হল। আমি অতো দাম পাব কোথায়, আর আমার কবিত্বের বাতিক যতই প্রবল হোক-না, বায়ুবলে আকাশের সঙ্গে পেরে উঠব কেন।

কাল রাত্রেই জাহাজের বন্দরে পৌঁছবার কথা ছিল, কিন্তু এইখানটায় সমুদ্রবাহী জলের স্রোত প্রবল হয়ে উঠল এবং বাতাসও বিরুদ্ধ ছিল, তাই পদে পদে দেরি হতে লাগল। জায়গাটাও সংকীর্ণ ও সংকটময়। কাপ্তেন সমস্ত রাত জাহাজের উপরতলায় গিয়ে সাবধানে পথের হিসাব করে চলেছেন। আজ সকালেও মেঘবৃষ্টির বিরাম নেই। সূর্য দেখা দিল না, তাই পথ ঠিক করা কঠিন। মাঝে মাঝে ঘন্টা বেজে উঠছে, এঞ্জিন থেমে যাচ্ছে, নাবিকের দ্বিধা স্পষ্ট বোঝা যাচ্ছে। আজ সকালে আহারের টেবিলে কাপ্তেনকে দেখা গেল না। কাল রাত দুপুরের সময় কাপ্তেন একবার কেবল বর্ষাতি পরে নেমে এসে আমাকে বলে গেলেন, ডেকের কোনো দিকেই শোবার সুবিধা হবে না, কেননা, বাতাসের বদল হচ্ছে।

এর মধ্যে একটি ব্যাপার দেখে আমার মনে বড়ো আনন্দ হয়েছিল। জাহাজের উপর থেকে একটা দড়িবাঁধা চামড়ার চোঙে করে মাঝে মাঝে সমুদ্রের জল তোলা হয়। কাল বিকেলে এক সময় মুকুলের হঠাৎ জানতে ইচ্ছা হল, এর কারণটা কী। সে তখনই উপরতলায় উঠে গেল। এর উপরতলাতেই জাহাজের হালের চাকা, এবং এখানেই পথনির্ণয়ের সমস্ত যন্ত্র। এখানে যাত্রীদের যাওয়া নিষেধ। মুকুল যখন গেল তখন তৃতীয় অফিসর কাজে নিযুক্ত। মুকুল তাঁকে প্রশ্ন করতেই তিনি ওকে বোঝাতে শুরু করলেন। সমুদ্রের মধ্যে অনেকগুলি স্রোতের ধারা বইছে, তাদের উত্তাপের পরিমাণ স্বতন্ত্র। মাঝে মাঝে সমুদ্রের জল তুলে তাপমান দিয়ে পরীক্ষা করে সেই ধারাপথ নির্ণয় করা দরকার। সেই ধারার ম্যাপ বের করে তাদের গতিবেগের সঙ্গে জাহাজের গতিবেগের কী রকম কাটাকাটি হচ্ছে, তাই তিনি মুকুলকে বোঝাতে লাগলেন। তাতেও যখন সুবিধা হল না, তখন বোর্ডে খড়ি দিয়ে এঁকে ব্যাপারটাকে যথাসম্ভব সরল করে দিলেন।

কোনো বিলিতি জাহাজে মুকুলের পক্ষে এটা কোনোমতেই সম্ভবপর হত না; সেখানে মুকুলকে অত্যন্ত সোজা করেই বুঝিয়ে দিত যে, ও জায়গায় তার নিষেধ। মোটের উপর জাপানি

অফিসরের সৌজন্য, কাজের নিয়ম-বিরুদ্ধ। কিন্তু পূর্বেই বলেছি, এই জাপানি জাহাজে কাজের নিয়মের ফাঁক দিয়ে মানুষের গতিবিধি আছে। অথচ নিয়মটা চাপা পড়ে যায় নি, তাও বারবার দেখেছি। জাহাজ যখন বন্দরে স্থির ছিল, যখন উপরতলার কাজ বন্ধ, তখন সেখানে বসে কাজ করবার জন্যে আমি কাপ্তেনের সম্মতি পেয়েছিলুম। সেদিন পিয়ার্সন সাহেব দুজন ইংরেজ আলাপীকে জাহাজে নিমন্ত্রণ করেছিলেন। ডেকের উপর মাল তোলার শব্দে এণ্ড্রুজ সাহেব বিরক্ত হয়ে হঠাৎ প্রস্তাব করলেন, উপরের তলায় যাওয়া যাক। আমি সম্মতির জন্য প্রধান অফিসরকে জিজ্ঞাসা করলুম; তিনি তখনই বললেন, "না।" নিয়ে গেলে কাজের ক্ষতি হত না, কেননা, কাজ তখন বন্ধ ছিল। কিন্তু নিয়মভঙ্গের একটা সীমা আছে, সে সীমা বন্ধুর পক্ষে যেখানে অপরিচিতের পক্ষে সেখানে না। উপরের তলা ব্যবহারের সম্মতিতেও আমি যেমন খুশি হয়েছিলুম, তার বাধাতেও তেমনি খুশি হলুম। স্পষ্ট দেখতে পেলুম, এর মধ্যে দাক্ষিণ্য আছে, কিন্তু দুর্বলতা নেই।

বন্দরে পৌঁছবামাত্র জাপান থেকে কয়েকখানি অভ্যর্থনার টেলিগ্রাম ও পত্র পাওয়া গেল। কিছুক্ষণ পরে প্রধান অফিসর এসে আমাকে বললেন, এ-যাত্রায় আমাদের সাঙ্ঘাই যাওয়া হল না, একেবারে এখান থেকে জাপান যাওয়া হবে। আমি জিজ্ঞাসা করলুম, কেন। তিনি বললেন, জাপানবাসীরা আপনাকে অভ্যর্থনা করবার জন্যে প্রস্তুত হয়েছে, তাই আমাদের সদর আপিস থেকে টেলিগ্রামে আদেশ এসেছে, অন্য বন্দরে বিলম্ব না করে চলে যেতে। সাঙ্ঘাইয়ের সমস্ত মাল আমরা এইখানেই নামিয়ে দেব, অন্য জাহাজে করে সেখানে যাবে।

এই খবরটি আমার পক্ষে যতই গৌরবজনক হোক, এখানে লেখবার দরকার ছিল না। কিন্তু আমার লেখবার কারণ হচ্ছে এই যে, এই ব্যাপারের একটু বিশেষত্ব আছে; সেটা আলোচ্য। সেটা পুনশ্চ ওই একই কথা। অর্থাৎ ব্যাবসার দাবি সচরাচর যে-পাথরের পাঁচিল খাড়া করে আত্মরক্ষা করে, এখানে তার মধ্যে দিয়েও মানবসম্বন্ধের আনাগোনার পথ আছে। এবং সে পথ কম প্রশস্ত নয়।

জাহাজ এখানে দিন দুয়েক থাকবে। সেই দুদিনের জন্যে শহরে নেবে হোটেলে থাকবার প্রস্তাব আমার মনে নিলে না। আমার মতো কুঁড়ে মানুষের পক্ষে আরামের চেয়ে বিরাম ভালো; আমি বলি, সুখের ল্যাঠা অনেক, সোয়াস্তির বালাই নেই। আমি মাল তোলা-নামার উপদ্রব স্বীকার করেও জাহাজে রয়ে গেলুম। সেজন্যে আমার যে বকশিশ মেলে নি, তা নয়।

প্রথমেই চোখে পড়ল জাহাজের ঘাটে চীনা মজুরদের কাজ। তাদের একটা করে নীল পায়জামা পরা এবং গা খোলা। এমন শরীরও কোথাও দেখি নি, এমন কাজও না। একেবারে প্রাণসার দেহ, লেশমাত্র বাহুল্য নেই। কাজের তালে তালে সমস্ত শরীরের মাংসপেশী কেবলই ঢেউ খেলাচ্ছে। এরা বড়ো বড়ো বোঝাকে এমন সহজে এবং এমন দ্রুত আয়ত্ত করছে যে সে দেখে আনন্দ হয়। মাথা থেকে পা পর্যন্ত কোথাও অনিচ্ছা, অবসাদ বা জড়ত্বের লেশমাত্র লক্ষণ দেখা গেল না। বাইরে থেকে তাদের তাড়া দেবার কোনো দরকার নেই। তাদের দেহে বীণাযন্ত্র থেকে কাজ যেন সংগীতের মতো বেজে উঠছে। জাহাজের ঘাটে মাল তোলা-নামার কাজ দেখতে যে আমার এত আনন্দ হয়, এ কথা আমি পূর্বে মনে করতে পারতুম না। পূর্ণ শক্তির কাজ বড়ো সুন্দর, তার প্রত্যেক আঘাতে আঘাতে শরীরকে সুন্দর করতে থাকে, এবং সেই শরীরও কাজকে সুন্দর করে তোলে। এইখানে কাজের কাব্য এবং মানুষের শরীরের ছন্দ আমার সামনে বিস্তীর্ণ হয়ে দেখা দিল। এ কথা জোর করে বলতে পারি, ওদের দেহের চেয়ে কোনো স্ত্রীলোকের দেহ সুন্দর হতে পারে না, কেননা, শক্তির সঙ্গে সুষমার এমন নিখুঁত সংগতি মেয়েদের শরীরে নিশ্চয়ই দুর্লভ। আমাদের জাহাজের ঠিক সামনেই আর-একটা জাহাজে বিকেল বেলায় কাজকর্মের পর সমস্ত চীনা মাল্লা জাহাজের ডেকের উপর কাপড় খুলে ফেলে স্নান করছিল; মানুষের শরীরের যে কী স্বর্গীয় শোভা তা আমি এমন করে আর কোনোদিন দেখতে পাই নি।

কাজের শক্তি, কাজের নৈপুণ্য এবং কাজের আনন্দকে এমন পুঞ্জীভূতভাবে একত্র দেখতে পেয়ে আমি মনে মনে বুঝতে পারলুম, এই বৃহৎ জাতির মধ্যে কতখানি ক্ষমতা সমস্ত দেশ জুড়ে সঞ্চিত হচ্ছে। এখানে মানুষ পূর্ণপরিমাণে নিজেকে প্রয়োগ করবার জন্যে বহুকাল থেকে প্রস্তুত হচ্ছে। সে সাধনায় মানুষ আপনাকে আপনি ষোলো-আনা ব্যবহার করবার শক্তি পায়, তার কৃপণতা ঘুচে যায়, নিজেকে নিজে কোনো অংশে ফাঁকি দেয় না, সে যে মস্ত সাধনা। চীন সুদীর্ঘকাল সেই সাধনায় পূর্ণভাবে কাজ করতে শিখেছে, সেই কাজের মধ্যেই তার নিজের শক্তি উদারভাবে আপনার মুক্তি এবং আনন্দ পাচ্ছে--এ একটি পরিপূর্ণতার ছবি। চীনের এই শক্তি আছে বলেই আমেরিকা চীনকে ভয় করেছে, কাজের উদ্যমে চীনকে সে জিততে পারে না, গায়ের জোরে তাকে ঠেকিয়ে রাখতে চায়।

এই এতবড়ো একটা শক্তি যখন আপনার আধুনিক কালের বাহনকে পাবে, অর্থাৎ যখন বিজ্ঞান তার আয়ত্ত হবে, তখন পৃথিবীতে তাকে বাধা দিতে পারে এমন কোন্ শক্তি আছে? তখন তার কর্মের প্রতিভার সঙ্গে তার উপকরণের যোগসাধন হবে। এখন যে-সব জাতি পৃথিবীর সম্পদ ভোগ করছে তারা চীনের সেই অভ্যুত্থানকে ভয় করে, সেই দিনকে তারা ঠেকিয়ে রাখতে চায়। কিন্তু, যে জাতির যেদিকে যতখানি বড়ো হবার শক্তি আছে, সেদিকে তাকে ততখানি বড়ো হয়ে উঠতে গিয়ে বাধা দেওয়া যে-স্বজাতিপূজা থেকে জন্মেছে তার মতো এমন সর্বনেশে পূজা জগতে

আর কিছুই নেই। এমন বর্বর জাতির কথা শোনা যায় যারা নিজের দেশের দেবতার কাছে পরদেশের মানুষকে বলি দেয়; আধুনিক কালের স্বজাতীয়তা তার চেয়ে অনেক বেশি ভয়ানক জিনিস, সে নিজের ক্ষুধার জন্যে এক-একটা জাতিকে-জাতি দেশকে-দেশ দাবি করে।

আমাদের জাহাজের বাঁ পাশে চীনের নৌকার দল। সেই নৌকাগুলিতে স্বামী স্ত্রী এবং ছেলেমেয়ে সকলে মিলে বাস করছে এবং কাজ করছে। কাজের এই ছবিই আমার কাছে সকলের চেয়ে সুন্দর লাগল। কাজের এই মূর্তিই চরম মূর্তি, একদিন এরই জয় হবে। না যদি হয়, বাণিজ্যদানব যদি মানুষের ঘর-করনা স্বাধনীতা সমস্তই গ্রাস ক'রে চলতে থাকে, এবং বৃহৎ এক দাসসম্প্রদায়কে সৃষ্টি করে তুলে তারই সাহায্যে অল্প কয়জনের আরাম এবং স্বার্থ সাধন করতে থাকে, তা হলে পৃথিবী রসাতলে যাবে। এদের মেয়ে পুরুষ ছেলে সকলে মিলে কাজ করবার এই ছবি দেখে আমার দীর্ঘনিশ্বাস পড়ল। ভারতবর্ষে এই ছবি কবে দেখতে পাব? সেখানে মানুষ আপনার বারো-আনাকে ফাঁকি দিয়ে কাটাচ্ছে। এমন সব নিয়মের জাল, যাতে মানুষ কেবলই বেধে-বেধে গিয়ে জড়িয়ে জড়িয়ে পড়েই নিজের অধিকাংশ শক্তির বাজে খরচ করে এবং বাকি অধিকাংশকে কাজে খাটাতে পারে না--এমন বিপুল জটিলতা এবং জড়তার সমাবেশ পৃথিবীর আর কোথাও নেই। চারি দিকে কেবলই জাতির সঙ্গে জাতির বিচ্ছেদ, নিয়মের সঙ্গে কাজের বিরোধ, আচারধর্মের সঙ্গে কালধর্মের দ্বন্দ্ব।

চীন সমুদ্র। তোসামারু জাহাজ

১২

১৬ই জ্যৈষ্ঠ। আজ জাহাজ জাপানের "কোবে' বন্দরে পৌঁছবে। কয়দিন বৃষ্টিবাদলের বিরাম নেই। মাঝে মাঝে জাপানের ছোটো ছোটো দ্বীপ আকাশের দিকে পাহাড় তুলে সমুদ্রযাত্রীদের ইশারা করছে, কিন্তু বৃষ্টিতে কুয়াশাতে সমস্ত ঝাপসা; বাদলার হাওয়ায় সর্দিকাশি হয়ে গলা ভেঙে গেলে তার আওয়াজ যেরকম হয়ে থাকে, ওই দ্বীপগুলোর সেইরকম ঘোরতর সর্দির আওয়াজের চেহারা। বৃষ্টির ছাঁট এবং ভিজে হাওয়ার তাড়া এড়াবার জন্যে ডেকের এধার থেকে ওধারে চৌকি টেনে নিয়ে নিয়ে বেড়াচ্ছি।

আমাদের সঙ্গে যে জাপানি যাত্রী দেশে ফিরছেন তিনি আজ ভোরেই তাঁর ক্যাবিন ছেড়ে একবার ডেকের উপর উঠে এসেছেন, জাপানের প্রথম অভ্যর্থনা গ্রহণ করবার জন্যে। তখন কেবল একটি মাত্র ছোটো নীলাভ পাহাড় মানসসরোবরের মস্ত একটি নীল পদ্মের কুঁড়িটির মতো জলের উপরে জেগে রয়েছে। তিনি স্থির নেত্রে এইটুকু কেবল দেখে নীচে নেবে গেলেন; তাঁর সেই চোখে ওই পাহাড়টুকুকে দেখা আমাদের শক্তিতে নেই--আমরা দেখছি নূতনকে, তিনি দেখছেন তাঁর চিরন্তনকে; আমরা অনেক তুচ্ছকে বাদ দিয়ে দিয়ে দেখছি, তিনি ছোটো বড়ো সমস্তকেই তাঁর এক বিরাটের অঙ্গ করে দেখছেন; এইজন্যেই ছোটোও তাঁর কাছে বড়ো, ভাঙাও তাঁর কাছে জোড়া, অনেক তাঁর কাছে এক। এই দৃষ্টিই সত্য দৃষ্টি।

জাহাজ যখন একেবারে বন্দরে এসে পৌঁছল তখন মেঘ কেটে গিয়ে সূর্য উঠেছে। বড়ো বড়ো জাপানি অপ্সরা নৌকা আকাশে পাল উড়িয়ে দিয়ে, যেখানে বরুণদেবের সভাপ্রাঙ্গণে সূর্যদেবের নিমন্ত্রণ হয়েছে, সেইখানে নৃত্য করছে। প্রকৃতির নাট্যমঞ্চে বাদলার যবনিকা উঠে গিয়েছে; ভাবলুম, এইবার ডেকের উপরে রাজার হালে বসে সমুদ্রের তীরে জাপানের প্রথম প্রবেশটা ভালো করে দেখে নিই।

কিন্তু, সে কি হবার জো আছে। নিজের নামের উপমা গ্রহণ করতে যদি কোনো অপরাধ না থাকে তা হলে বলি, আমার আকাশের মিতা যখন খালাস পেয়েছেন তখন আমার পালা আরম্ভ হল। আমার চারিদিকে একটু কোথাও ফাঁক দেখতে পেলুম না। খবরের কাগজের চর তাদের প্রশ্ন এবং তাদের ক্যামেরা নিয়ে আমাকে আচ্ছন্ন করে দিলে।

কোবে শহরে অনেকগুলি ভারতবর্ষীয় বণিক আছেন, তার মধ্যে বাঙালির ছিটে-ফোঁটাও কিছু পাওয়া যায়। আমি হংকং শহরে পৌঁছেই এই ভারতবাসীদের টেলিগ্রাম পেয়েছিলুম, তাঁরাই আমার আতিথ্যের ব্যবস্থা করেছেন। তাঁরা জাহাজে গিয়ে আমাকে ধরলেন। ওদিকে জাপানের

বিখ্যাত চিত্রকর টাইক্কন এসে উপস্থিত। ইনি যখন ভারতবর্ষে গিয়েছিলেন, আমাদের বাড়িতে ছিলেন। কাট্‌স্‌টাকেও দেখা গেল, ইনিও আমাদের চিত্রকর বন্ধু। সেই সঙ্গে সানো এসে উপস্থিত, ইনি এককালে আমাদের শান্তিনিকেতন আশ্রমে জুজুৎসু ব্যায়ামের শিক্ষক ছিলেন। এর মধ্যে কাওয়াগুচিরও দর্শন পাওয়া গেল। এটা বেশ স্পষ্ট বুঝতে পারলুম, আমাদের নিজের ভাবনা আর ভাবতে হবে না। কিন্তু দেখতে পেলুম, সেই ভাবনার ভার অনেকে মিলে যখন গ্রহণ করেন তখন ভাবনার আর অন্ত থাকে না। আমাদের প্রয়োজন অল্প, কিন্তু আয়োজন তার চেয়ে অনেক বেশি হয়ে উঠল। জাপানি পক্ষ থেকে তাঁদের ঘরে নিয়ে যাবার জন্যে আমাকে টানাটানি করতে লাগলেন, কিন্তু ভারতবাসীর আমন্ত্রণ আমি পূর্বেই গ্রহণ করেছি। এই নিয়ে বিষম একটা সংকট উপস্থিত হল। কোনো পক্ষই হার মানতে চান না। বাক-বিতণ্ডা বচসা চলতে লাগল। আবার, এরই সঙ্গে সঙ্গে সেই খবরের কাগজের চরের দল আমার চারিদিকে পাক খেয়ে বেড়াতে লাগল। দেশ ছাড়বার মুখে বঙ্গসাগরে পেয়েছিলুম বাতাসের সাইক্লোন, এখানে জাপানের ঘাটে এসে পৌঁছেই পেলুম মানুষের সাইক্লোন। দুটোর মধ্যে যদি বাছাই করতেই হয়, আমি প্রথমটাই পছন্দ করি। খ্যাতি জিনিসের বিপদ এই যে, তার মধ্যে যতটুকু আমার দরকার কেবলমাত্র সেইটুকু গ্রহণ করেই নিষ্কৃতি নেই, তার চেয়ে অনেক বেশি নিতে হয়, সেই বেশিটুকুর বোঝা বিষম বোঝা। অনাবৃষ্টি এবং অতিবৃষ্টির মধ্যে কোন্‌টা যে ফসলের পক্ষে বেশি মুশকিল জানি নে।

এখানকার একজন প্রধান গুজরাটি বণিক মোরারজি, তাঁরই বাড়িতে আশ্রয় পেয়েছি। সেই-সব খবরের কাগজের অনুচররা এখানে এসেও উপস্থিত। বহুকষ্টে ব্যূহ ভেদ করে বেরোতে পেরেছি।

এই উৎপাতটা আশা করি নি। জাপান যে নতুন মদ পান করেছে এই খবরের কাগজের ফেনিলতা তারই একটা অঙ্গ। এত ফেনা আমেরিকাতেও দেখি নি। এই জিনিসটা কেবলমাত্র কথার হাওয়ার বুদ্‌বুদ্‌পুঞ্জ--এতে কারো সত্যকার প্রয়োজনও দেখি নে, আমোদও বুঝি নে; এতে কেবলমাত্র পাত্রটার মাথা শূন্যতায় ভরতি করে দেয়, মাদকতার ছবিটাকে কেবল চোখের সামনে প্রকাশ করে। এই মাতলামিটাই আমাকে সবচেয়ে পীড়া দেয়। যাক্‌গে।

মোরারজি বাড়িতে আহারে আলাপে অভ্যর্থনায় কাল রাত্তিরটা কেটেছে। এখানকার ঘরকন্নার মধ্যে প্রবেশ করে সবচেয়ে চোখে পড়ে জাপানি দাসী! মাথায় একখানা ফুলে-ওঠা খোঁপা, গালদুটো ফুলো ফুলো, চোখদুটো ছোটো, নাকের একটুখানি অপ্রতুলতা, কাপড় বেশ সুন্দর, পায়ে খড়ের চটি--কবিরা সৌন্দর্যের যে-রকম বর্ণনা করে থাকেন তার সঙ্গে অনৈক্য ঢের, অথচ মোটের উপর দেখতে ভালো লাগে; যেন মানুষের সঙ্গে পুতুলের সঙ্গে, মাংসের সঙ্গে মোমের সঙ্গে মিশিয়ে একটা পদার্থ; আর সমস্ত শরীরে ক্ষিপ্রতা, নৈপুণ্য, বলিষ্ঠতা। গৃহস্বামী বলেন, এরা যেমন

কাজের, তেমনি এরা পরিষ্কার পরিচ্ছন্ন। আমি আমার অভ্যাসবশত ভোরে উঠে জানলার বাইরে চেয়ে দেখলুম, প্রতিবেশীদের বাড়িতে ঘরকন্নার হিল্লোল তখন জাগতে আরম্ভ করেছে-- সেই হিল্লোল মেয়েদের হিল্লোল। ঘরে ঘরে এই মেয়েদের কাজের ঢেউ এমন বিচিত্র বৃহৎ এবং প্রবল ক'রে সচরাচল দেখতে পাওয়া যায় না। কিন্তু, এটা দেখলেই বোঝা যায়, এমন স্বাভাবিক আর কিছু নেই। দেহযাত্রা জিনিসটার ভার আদি থেকে অন্ত পর্যন্ত মেয়েদেরই হাতে; এই দেহযাত্রার আয়োজন উদ্যোগ মেয়েদের পক্ষে স্বাভাবিক এবং সুন্দর। কাজের এই নিয়ত তৎপরতায় মেয়েদের স্বভাব যথার্থ মুক্তি পায় ব'লে শ্রীলাভ করে। বিলাসের জড়তায় কিম্বা যে-কারণেই হোক, মেয়েরা যেখানে এই কর্মপরতা থেকে বঞ্চিত সেখানে তাদের বিকার উপস্থিত হয়, তাদের দেহমনের সৌন্দর্যহানি হতে থাকে, এবং তাদের যথার্থ আনন্দের ব্যাঘাত ঘটে। এই যে এখানে সমস্তক্ষণ ঘরে ঘরে ক্ষিপ্রবেগে মেয়েদের হাতের কাজের স্রোত অবিরত বইছে, এ আমার দেখতে ভারি সুন্দর লাগছে। মাঝে মাঝে পাশের ঘর থেকে এদের গলার আওয়াজ এবং হাসির শব্দ শুনতে পাচ্ছি, আর মনে মনে ভাবছি, মেয়েদের কথা ও হাসি সকল দেশেই সমান। অর্থাৎ সে যেন স্রোতের জলের উপরকার আলোর মতো একটা ঝিকিমিকি ব্যাপার, জীবনচাঞ্চল্যের অহেতুক লীলা।

কোবে

১৩

নতুনকে দেখতে হলে, মনকে একটু বিশেষ করে বাতি জ্বালাতে হয়। পুরোনোকে দেখতে হলে, ভালো করে চোখ মেলতেই হয় না। সেইজন্যে নতুনকে যত শীঘ্র পারে দেখে নিয়ে, মন আপনার অতিরিক্ত বাতিগুলো নিবিয়ে ফেলে। খরচ বাঁচাতে চায়, মনোযোগকে উসকে রাখতে চায় না।

মুকুল আমাকে জিজ্ঞাসা করছিল, "দেশে থাকতে বই প'ড়ে, ছবি দেখে জাপানকে যেরকম বিশেষভাবে নতুন বলে মনে হত, এখানে কেন তা হচ্ছে না।" তার কারণই এই। রেঙ্গুন থেকে আরম্ভ করে সিঙাপুর, হংকং দিয়ে আসতে আসতে মনের নতুন দেখার বিশেষ আয়োজনটুকু ক্রমে ক্রমে ফুরিয়ে আসে। যখন বিদেশী সমুদ্রের এ কোণে ও কোণে ন্যাড়া ন্যাড়া পাহাড়গুলো উঁকি মারতে থাকে তখন বলতে থাকি বাঃ! তখন মুকুল বলে, ওইখানে নেবে গিয়ে থাকতে বেশ মজা! ও মনে করে, এই নতুনকে প্রথম দেখার উত্তেজনা বুঝি চিরদিনই থাকবে; ওখানে ওই ছোটো ছোটো পাহাড়গুলোর সঙ্গে গলা-ধরাধরি করে সমুদ্র বুঝি চিরদিনই এই নতুন ভাষায় কানাকানি করে; যেন ওইখানে পৌঁছলে পরে সমুদ্রের চঞ্চলনীল, আকাশের শান্তনীল আর ওই পাহাড়গুলোর ঝাপসা-নীল ছাড়া আর কিছুর দরকারই হয় না। তার পরে, বিরল ক্রমে অবিরল হতে লাগল, ক্ষণে ক্ষণে আমাদের জাহাজ এক-একটা দ্বীপের গা ঘেঁষে চলল; তখন দেখি দূরবীন টেবিলের উপরে অনাদরে পড়ে থাকে, মন আর সাড়া দেয় না। যখন দেখবার সামগ্রী বেড়ে ওঠে তখন দেখাটাই কমে যায়। নতুনকে ভোগ ক'রে ক'রে নতুনের খিদে ক্রমেই মরে যায়।

হপ্তাখানেক জাপানে আছি কিন্তু মনে হচ্ছে, যেন অনেক দিন আছি। তার মানে, পথঘাট, গাছপালা, লোকজনের যেটুকু নতুন সেটুকু তেমন গভীর নয়, তাদের মধ্যে যেটা পুরোনো সেইটেই পরিমাণে বেশি। অফুরান নতুন কোথাও নেই; অর্থাৎ, যার সঙ্গে আমাদের চিরপরিচিত থাপ খায় না, জগতে এমন অসংগত কিছুই নেই। প্রথমে ধাঁ করে চোখে পড়ে, যেগুলো হঠাৎ আমাদের মনের অভ্যাসের সঙ্গে মেলে না। তার পরে পুরোনোর সঙ্গে নতুনের যে যে অংশের রঙে মেলে, চেহারায় কাছাকাছি আসে, মন তাড়াতাড়ি সেইগুলোকে পাশাপাশি সাজিয়ে নিয়ে তাদের সঙ্গে ব্যবহারে প্রবৃত্ত হয়। তাস খেলতে বসে আমরা হাতে কাগজ পেলে রঙ এবং মূল্য-অনুসারে তাদের পরে পরে সাজিয়ে নিই; এও সেইরকম। শুধু তো নতুনকে দেখে যাওয়া নয়, তার সঙ্গে যে ব্যবহার করতে হবে; কাজেই মন তাকে নিজের পুরোনো কাঠামোর মধ্যে যত শীঘ্র পারে গুছিয়ে নেয়। যেই গোছানো হয় তখন দেখতে পাই, তত বেশি নতুন নয় যতটা গোড়ায় মনে হয়েছিল; আসলে পুরোনো, ভঙ্গিটাই নতুন।

তার পরে আর-এক মুশকিল হয়েছে এই যে, দেখতে পাচ্ছি, পৃথিবীর সকল সভ্য জাতই বর্তমান কালের ছাঁচে ঢালাই হয়ে একই রকম চেহারা অথবা চেহারার অভাব ধারণ করেছে। আমার এই জানলায় বসে কোবে শহরের দিকে তাকিয়ে এই যা দেখছি এ তো লোহার জাপান, এ তো রক্তমাংসের নয়। এক দিকে আমার জানলা, আর-এক দিকে সমুদ্র, এর মাঝখানে প্রকাণ্ড একটা শহর। চীনেরা যেরকম বিকটমূর্তি ড্র াগন আঁকে--সেইরকম। আঁকাবাঁকা বিপুল দেহ নিয়ে সে যেন সবুজ পৃথিবীটিকে খেয়ে ফেলেছে। গায়ে গায়ে ঘেঁষাঘেঁষি লোহার চালগুলো ঠিক যেন তারই পিঠের আঁশের মতো রৌদ্রে ঝক্‌ঝক্‌ করছে। বড়ো কঠিন, বড়ো কুৎসিত--এই দরকার-নামক দৈত্যটা। প্রকৃতির মধ্যে মানুষের যে অন্ন আছে তা ফলে শস্যে বিচিত্র এবং সুন্দর; কিন্তু সেই অন্নকে যখন গ্রাস করতে যাই তখন তাকে তাল পাকিয়ে একটা পিণ্ড করে তুলি, তখন বিশেষত্বকে দরকারের চাপে পিষে ফেলি। কোবে শহরের পিঠের দিকে তাকিয়ে বুঝতে পারি, মানুষের দরকার পদার্থটা স্বভাবের বিচিত্রতাকে একাকার করে দিয়েছে। মানুষের দরকার আছে, এই কথাটাই ক্রমাগত বাড়তে বাড়তে, হাঁ করতে করতে, পৃথিবীর অধিকাংশকে গ্রাস করে ফেলছে। প্রকৃতিও কেবল দরকারের সামগ্রী, মানুষও কেবল দরকারের মানুষ হয়ে আসছে।

যেদিন থেকে কলকাতা ছেড়ে বেরিয়েছি, ঘাটে ঘাটে দেশে দেশে এইটেই খুব বড়ো করে দেখতে পাচ্ছি। মানুষের দরকার মানুষের পূর্ণতাকে যে কতখানি ছাড়িয়ে যাচ্ছে, এর আগে কোনো দিন আমি সেটা এমন স্পষ্ট করে দেখতে পাই নি। এক সময়ে মানুষ এই দরকারকে ছোটো করে দেখেছিল। ব্যাবসাকে তারা নীচের জায়গা দিয়েছিল; টাকা রোজগার করাটাকে সম্মান করে নি। দেবপূজা ক'রে, বিদ্যাদান ক'রে, আনন্দ দান ক'রে যারা টাকা নিয়েছে মানুষ তাদের ঘৃণা করেছে। কিন্তু, আজকাল জীবনযাত্রা এতই বেশি দুঃসাধ্য, এবং টাকার আয়তন ও শক্তি এতই বেশি বড়ো হয়ে উঠেছে যে , দরকার এবং দরকারের বাহনগুলোকে মানুষ আর ঘৃণা করতে সাহস করে না। এখন মানুষ আপনার সকল জিনিসেরই মূল্যের পরিমাণ টাকা দিয়ে বিচার করতে লজ্জা করে না। এতে করে মানুষের প্রকৃতির বদল হয়ে আসছে--জীবনের লক্ষ্য এবং গৌরব, অন্তর থেকে বাইরের দিকে, আনন্দ থেকে প্রয়োজনের দিকে অত্যন্ত ঝুঁকে পড়ছে। মানুষ ক্রমাগত নিজেকে বিক্রি করতে কিছুমাত্র সংকোচ বোধ করছে না। ক্রমশই সমাজের এমন একটা বদল হয়ে আসছে যে, টাকাই মানুষের যোগ্যতারূপে প্রকাশ পাচ্ছে। অথচ, এটা কেবল দায়ে পড়ে ঘটছে, প্রকৃতপক্ষে এটা সত্য নয়। তাই, এক সময়ে যে-মানুষ মনুষ্যত্বের খাতিরে টাকাকে অবজ্ঞা করতে জানত এখন সে টাকার খাতিরে মনুষ্যত্বকে অবজ্ঞা করছে। রাজ্যতন্ত্রে,

সমাজতন্ত্রে, ঘরে বাইরে, সর্বত্রই তার পরিচয় কুৎসিত হয়ে উঠছে। কিন্তু, বীভৎসতাকে দেখতে পাচ্ছি নে, কেননা, লোভে দুই চোখ আচ্ছন্ন।

জাপানে শহরের চেহারায় জাপানিত্ব বিশেষ নেই, মানুষের সাজসজ্জা থেকেও জাপান ক্রমশ বিদায় নিচ্ছে। অর্থাৎ,জাপান ঘরের পোশাক ছেড়ে আপিসের পোশাক ধরেছে। আজকাল পৃথিবী জোড়া একটা আপিস-রাজ্য বিস্তীর্ণ হয়েছে, সেটা কোনো বিশেষ দেশ নয়। যেহেতু আপিসের সৃষ্টি আধুনিক য়ুরোপ থেকে, সেইজন্যে এর বেশ আধুনিক য়ুরোপের। কিন্তু, প্রকৃতপক্ষে এই বেশে মানুষের বা দেশের পরিচয় দেয় না, আপিস রাজ্যের পরিচয় দেয়। আমাদের দেশেও ডাক্তার বলছে, "আমার ওই হ্যাটকোটের দরকার আছে।" আইনজীবীও তাই বলছে, বণিকও তাই বলছে। এমনি করেই দরকার জিনিসটা বেড়ে চলতে চলতে সমস্ত পৃথিবীকে কুৎসিতভাবে একাকার করে দিচ্ছে।

এইজন্যে জাপানের শহরের রাস্তায় বেরলেই প্রধানভাবে চোখে পড়ে জাপানের মেয়েরা। তখন বুঝতে পারি, এরাই জাপানের ঘর, জাপানের দেশ। এরা আপিসের নয়। কারো কারো কাছে শুনতে পাই, জাপানের মেয়েরা এখানকার পুরুষের কাছ থেকে সম্মান পায় না। সে-কথা সত্য কি মিথ্যা জানি নে, কিন্তু একটা সম্মান আছে সেটা বাইরে থেকে দেওয়া নয়, সেটা নিজের ভিতরকার। এখানকার মেয়েরাই জাপানের বেশে জাপানের সম্মানরক্ষার ভার নিয়েছে। ওরা দরকারকেই সকলের চেয়ে বড়ো করে খাতির করে নি, সেইজন্যেই ওরা নয়নমনের আনন্দ।

একটা জিনিস এখানে পথে ঘাটে চোখে পড়ে। রাস্তায় লোকের ভিড় আছে, কিন্তু গোলমাল একেবারে নেই। এরা যেন চেঁচাতে জানে না, লোকে বলে জাপানের ছেলেরা সুদ্ধ কাঁদে না। আমি এপর্যন্ত একটি ছেলেকেও কাঁদতে দেখি নি। পথে মোটরে করে যাবার সময়ে মাঝে মাঝে যেখানে ঠেলাগাড়ি প্রভৃতি বাধা এসে পড়ে, সেখানে মোটরের চালক শান্তভাবে অপেক্ষা করে; গাল দেয় না, হাঁকাহাঁকি করে না। পথের মধ্যে হঠাৎ একটা বাইসিক্‌ল্ মোটরের উপরে এসে পড়বার উপক্রম করলে, আমাদের দেশের চালক এ অবস্থায় বাইসিক্‌ল্-আরোহীকে অনাবশ্যক গাল না দিয়ে থাকতে পারত না। এ লোকটা ভ্রূক্ষেপমাত্র করলে না। এখানকার বাঙালিদের কাছে শুনতে পেলুম যে, রাস্তায় দুই বাইসিক্‌লে, কিম্বা গাড়ির সঙ্গে বাইসিক্‌লের ঠোকাঠুকি হয়ে যখন রক্তপাত হয়ে যায়, তখনো উভয় পক্ষ চেঁচামেচি গালমন্দ না করে গায়ের ধুলো ঝেড়ে চলে যায়।

আমার কাছে মনে হয়, এইটেই জাপানের শক্তির মূল কারণ। জাপানি বাজে চেঁচামেচি ঝগড়াঝাঁটি করে নিজের বলক্ষয় করে না। প্রাণশক্তির বাজে খরচ নেই ব'লে প্রয়োজনের সময় টানাটানি পড়ে না। শরীর-মনের এই শান্তি ও সহিষ্ণুতা ওদের স্বজাতীয় সাধনার একটা অঙ্গ। শোকে দুঃখে আঘাতে উত্তেজনায়, ওরা নিজেকে সংযত করতে জানে। সেইজন্যেই বিদেশের লোকেরা প্রায় বলে, জাপানিকে বোঝা যায় না, ওরা অত্যন্ত বেশি গূঢ়। এর কারণই হচ্ছে, এরা নিজেকে সর্বদা ফুটো দিয়ে ফাঁক দিয়ে গ'লে পড়তে দেয় না।

এই যে নিজের প্রকাশকে অত্যন্ত সংক্ষিপ্ত করতে থাকা, এ ওদের কবিতাতেও দেখা যায়। তিন লাইনের কাব্য জগতের আর কোথাও নেই। এই তিন লাইনই ওদের কবি, পাঠক, উভয়ের পক্ষেই যথেষ্ট। সেইজন্যেই এখানে এসে অবধি, রাস্তায় কেউ গান গাচ্ছে, এ আমি শুনি নি। এদের হৃদয় ঝরনার জলের মতো শব্দ করে না, সরোবরের জলের মতো স্তব্ধ। এপর্যন্ত ওদের যত কবিতা শুনেছি সবগুলিই হচ্ছে ছবি দেখার কবিতা, গান গাওয়ার কবিতা নয়। হৃদয়ের দাহ এবং ক্ষোভ প্রাণকে খরচ করে, এদের সেই খরচ কম। এদের অন্তরের সমস্ত প্রকাশ সৌন্দর্যবোধে। সৌন্দর্যবোধ জিনিসটা স্বার্থনিরপেক্ষ। ফুল, পাখি, চাঁদ, এদের নিয়ে আমাদের কাঁদাকাটা নেই। এদের সঙ্গে আমাদের নিছক সৌন্দর্যভোগের সম্বন্ধ--এরা আমাদের কোথাও মারে না, কিছু কাড়ে না, এদের দ্বারা আমাদের জীবনে কোথাও ক্ষয় ঘটে না। সেইজন্যেই তিন লাইনেই এদের কুলোয়, এবং কল্পনাটাতেও এরা শান্তির ব্যাঘাত করে না।

এদের দুটো বিখ্যাত পুরোনো কবিতার নমুনা দেখলে আমার কথাটা স্পষ্ট হবে:

পুরোনো পুকুর,
    ব্যাঙের লাফ,
        জলের শব্দ।

বাস! আর দরকার নেই। জাপানি পাঠকের মনটা চোখে ভরা। পুরোনো পুকুর মানুষের পরিত্যক্ত, নিস্তব্ধ, অন্ধকার। তার মধ্যে একটা ব্যাঙ লাফিয়ে পড়তেই শব্দ শোনা গেল। শোনা গেল--এতে বোঝা যাবে পুকুরটা কী রকম স্তব্ধ। এই পুরোনো পুকুরের ছবিটা কী ভাবে মনের মধ্যে এঁকে নিতে হবে সেইটুকু কেবল কবি ইশারা করে দিলে; তার বেশি একেবারে অনাবশ্যক।

আর-একটা কবিতা:

পচা ডাল,
	একটা কাক,
		শরৎকাল।

আর বেশি না! শরৎকালের গাছের ডালে পাতা নেই, দুই-একটা ডাল পচে গেছে, তার উপরে কাক ব'সে। শীতের দেশে শরৎকালটা হচ্ছে গাছের পাতা ঝরে যাবার, ফুল পড়ে যাবার, কুয়াশায় আকাশ ম্লান হবার কাল--এই কালটা মৃত্যুর ভাব মনে আনে। পচা ডালে কালো কাক বসে আছে, এইটুকুতেই পাঠক শরৎকালের সমস্ত রিক্ততা ও ম্লানতার ছবি মনের সামনে দেখতে পায়। কবি কেবল সূত্রপাত করে দিয়েই সরে দাঁড়ায়। তাকে যে অত অল্পের মধ্যে সরে যেতে হয় তার কারণ এই যে, জাপানি পাঠকের চেহারা দেখার মানসিক শক্তিটা প্রবল।

এইখানে একটা কবিতার নমুনা দিই, যেটা চোখে দেখা চেয়ে বড়ো:

স্বর্গ এবং মর্ত্য হচ্ছে ফুল,
দেবতারা এবং বুদ্ধ হচ্ছেন ফুল--
মানুষের হৃদয় হচ্ছে ফুলের অন্তরাত্মা।

আমার মনে হয়, এই কবিতাটিতে জাপানের সঙ্গে ভারতবর্ষের মিল হয়েছে। জাপান স্বর্গমর্ত্যকে বিকশিত ফুলের মতো সুন্দর করে দেখছে; ভারতবর্ষ বলছে, এই যে এক বৃন্তে দুই ফুল, স্বর্গ এবং মর্ত্য, দেবতা এবং বুদ্ধ--মানুষের হৃদয় যদি না থাকত তবে এ ফুল কেবলমাত্র বাইরের জিনিস হত--এই সুন্দরের সৌন্দর্যটিই হচ্ছে মানুষের হৃদয়ের মধ্যে।

যাই হোক, এই কবিতাগুলির মধ্যে কেবল যে বাক্‌সংযম তা নয়, এর মধ্যে ভাবের সংযম। এই ভাবের সংযমকে হৃদয়ের চাঞ্চল্য কোথাও ক্ষুব্ধ করছে না। আমাদের মনে হয়, এইটেতে জাপানের একটা গভীর পরিচয় আছে। এক কথায় বলতে গেলে, একে বলা যেতে পারে হৃদয়ের মিতব্যয়িতা।

মানুষের একটা ইন্দ্রিয়শক্তিকে খর্ব করে আর-একটাকে বাড়ানো চলে, এ আমরা দেখেছি। সৌন্দর্যবোধ এবং হৃদয়াবেগ, এ দুটোই হৃদয়বৃত্তি। আবেগের বোধ এবং প্রকাশকে খর্ব ক'রে সৌন্দর্যের বোধ এবং প্রকাশকে প্রভূত পরিমাণে বাড়িয়ে তোলা যেতে পারে--এখানে এসে অবধি এই কথাটা আমার মনে হয়েছে। হৃদয়োচ্ছ্বাস আমাদের দেশে এবং অন্যত্র বিস্তর দেখেছি, সেইটে

এখানে চোখে পড়ে না। সৌন্দর্যের অনুভূতি এখানে এত বেশি করে এবং এমন সর্বত্র দেখতে পাই যে স্পষ্টই বুঝতে পারি যে, এটা এমন একটা বিশেষ বোধ যা আমরা ঠিক বুঝতে পারি নে। এ যেন কুকুরের ঘ্রাণশক্তি ও মৌমাছির দিক্‌বোধের মতো, আমাদের উপলব্ধির অতীত। এখানে যে-লোক অত্যন্ত গরিব সেও প্রতিদিন নিজের পেটের ক্ষুধাকে বঞ্চনা ক'রেও এক-আধ পয়সার ফুল না কিনে বাঁচে না। এদের চোখের ক্ষুধা এদের পেটের ক্ষুধার চেয়ে কম নয়।

কাল দুজন জাপানি মেয়ে এসে আমাকে এ দেশের ফুল সাজানো বিদ্যা দেখিয়ে গেল। এর মধ্যে কত আয়োজন, কত চিন্তা, কত নৈপুণ্য আছে, তার ঠিকানা নেই। প্রত্যেক পাতা এবং প্রত্যেক ডালটির উপর মন দিতে হয়। চোখে দেখার ছন্দ এবং সংগীত যে এদের কাছে কত প্রবলভাবে সুগোচর, কাল আমি ওই দুজন জাপানি মেয়ের কাজ দেখে বুঝতে পেরেছিলুম।

একটা বইয়ে পড়ছিলুম, প্রাচীনকালে বিখ্যাত যোদ্ধা যাঁরা ছিলেন, তাঁরা অবকাশকালে এই ফুল সাজাবার বিদ্যার আলোচনা করতেন। তাঁদের ধারণা ছিল, এতে তাঁদের রণদক্ষতা ও বীরত্বের উন্নতি হয়। এর থেকেই বুঝতে পারবে, জাপানি নিজের এই সৌন্দর্য-অনুভূতিকে শৌখিন জিনিস বলে মনে করে না; ওরা জানে, গভীরভাবে এতে মানুষের শক্তিবৃদ্ধি হয়। এই শক্তিবৃদ্ধির মূল কারণটা হচ্ছে শান্তি; যে-সৌন্দর্যের আনন্দ নিরাসক্ত আনন্দ তাতে জীবনের ক্ষয় নিবারণ করে, এবং যে-উত্তেজনা-প্রবণতায় মানুষের মনোবৃত্তি ও হৃদয়বৃত্তিকে মেঘাচ্ছন্ন করে তোলে এই সৌন্দর্যবোধ তাকে পরিশান্ত করে।

সেদিন একজন ধনী জাপানি তাঁর বাড়িতে চা-পান-অনুষ্ঠানে আমাদের নিমন্ত্রণ করেছিলেন। তোমরা ওকাকুরার আষষয ষপ ঝনতপড়েছ, তাতে এই অনুষ্ঠানের বর্ণনা আছে। সেদিন এই অনুষ্ঠান দেখে স্পষ্ট বুঝতে পারলুম, জাপানির পক্ষে এটা ধর্মানুষ্ঠানের তুল্য। এ ওদের একটা জাতীয় সাধনা। ওরা কোন্‌ আইডিয়ালকে লক্ষ্য করছে, এর থেকে তা বেশ বোঝা যায়।

কোবে থেকে দীর্ঘ পথ মোটরযানে করে গিয়ে প্রথমেই একটি বাগানে প্রবেশ করলুম--সে বাগান ছায়াতে সৌন্দর্যে এবং শান্তিতে একেবারে নিবিড়ভাবে পূর্ণ। বাগান জিনিসটা যে কী, তা এরা জানে; কতকগুলো কাঁকর ফেলে আর গাছ পুঁতে মাটির উপরে জিয়োমেট্রি কষাকেই যে বাগান করা বলে না, তা জাপানি-বাগানে ঢুকলেই বোঝা যায়; জাপানি চোখ এবং হাত দুই-ই প্রকৃতির কাছ থেকে সৌন্দর্যের দীক্ষালাভ করেছে, যেমন ওরা দেখতে জানে তেমনি ওরা গড়তে জানে। ছায়াপথ দিয়ে গিয়ে এক জায়গায় গাছের তলায় গর্ত-করা একটা পাথরের মধ্যে স্বচ্ছ জল আছে, সেই জলে আমরা প্রত্যেকে হাত মুখ ধুলুম। তার পরে, একটি ছোট্ট ঘরের মধ্যে নিয়ে গিয়ে বেঞ্চির উপরে ছোটো ছোটো গোল গোল খড়ের আসন পেতে দিলে, তার উপরে আমরা বসলুম।

নিয়ম হচ্ছে এইখানে কিছুকাল নীরব হয়ে বসে থাকতে হয়। গৃহস্বামীর সঙ্গে যাবামাত্রই দেখা হয় না। মনকে শান্ত করে স্থির করবার জন্যে ক্রমে ক্রমে নিমন্ত্রণ করে নিয়ে যাওয়া হয়। আস্তে আস্তে দুটো তিনটে ঘরের মধ্যে বিশ্রাম করতে করতে, শেষে আসল জায়গায় যাওয়া গেল। সমস্ত ঘরই নিস্তব্ধ, যেন চিরপ্রদোষের ছায়াবৃত; কারো মুখে কথা নেই। মনের উপর এই ছায়াঘন নিঃশব্দ নিস্তব্ধতার সম্মোহন ঘনিয়ে উঠতে থাকে। অবশেষে ধীরে ধীরে গৃহস্বামী এসে নমস্কারের দ্বারা আমাদের অভ্যর্থনা করলেন।

ঘরগুলিতে আসবাব নেই বললেই হয়, অথচ মনে হয় যেন এ-সমস্ত ঘর কী একটাতে পূর্ণ, গম্‌গম্‌ করছে। একটিমাত্র ছবি কিম্বা একটিমাত্র পাত্র কোথাও আছে। নিমন্ত্রিতেরা সেইটি বহুযত্নে দেখে দেখে নীরবে তৃপ্তিলাভ করেন। যে-জিনিস যথার্থ সুন্দর তার চারিদিকে মস্ত একটি বিরলতার অবকাশ থাকা চাই। ভালো জিনিসগুলিকে ঘেঁষাঘেঁষি করে রাখা তাদের অপমান করা--সে যেন সতী স্ত্রীকে সতীনের ঘর করতে দেওয়ার মতো। ক্রমে ক্রমে অপেক্ষা ক'রে ক'রে, স্তব্ধতা ও নিঃশব্দতার দ্বারা মনের ক্ষুধাকে জাগ্রত ক'রে তুলে, তার পরে এইরকম দুটি-একটি ভালো জিনিস দেখালে সে যে কী উজ্জ্বল হয়ে ওঠে, এখানে এসে তা স্পষ্ট বুঝতে পারলুম। আমার মনে পড়ল, শান্তিনিকেতন আশ্রমে যখন আমি এক-একদিন এক-একটি গান তৈরি করে সকলকে শোনাতুম, তখন সকলেরই কাছে সেই গান তার হৃদয় সম্পূর্ণ উদ্‌ঘাটিত করে দিত। অথচ সেই-সব গানকেই তোড়া বেঁধে কলকাতায় এনে যখন বান্ধবসভায় ধরেছি, তখন তারা আপনার যথার্থ শ্রীকে আবৃত করে রেখেছে। তার মানেই কলকাতার বাড়িতে গানের চারিদিকে ফাঁকা নেই--সমস্ত লোকজন, ঘরবাড়ি কাজকর্ম, গোলমাল, তার ঘাড়ের উপর গিয়ে পড়েছে। যে-আকাশের মধ্যে তার ঠিক অর্থটি বোঝা যায়, সেই আকাশ নেই।

তার পরে গৃহস্বামী এসে বললেন, চা তৈরি এবং পরিবেশনের ভার বিশেষ কারণে তিনি তাঁর মেয়ের উপরে দিয়েছেন। তাঁর মেয়ে এসে নমস্কার ক'রে চা তৈরিতে প্রবৃত্ত হলেন। তাঁর প্রবেশ থেকে আরম্ভ করে চা তৈরির প্রত্যেক অঙ্গ যেন কবিতার ছন্দের মতো। ধোওয়া মোছা, আগুনজ্বালা, চা-দানির ঢাকা খোলা, গরম জলের পাত্র নামানো, পেয়ালায় চা ঢালা, অতিথির সম্মুখে এগিয়ে দেওয়া, সমস্ত এমন সংযম এবং সৌন্দর্যে মণ্ডিত যে, সে না দেখলে বোঝা যায় না। এই চা-পানের প্রত্যেক আসবাবটি দুর্লভ এবং সুন্দর। অতিথির কর্তব্য হচ্ছে, এই পাত্রগুলিকে ঘুরিয়ে ঘুরিয়ে একান্ত মনোযোগ দিয়ে দেখা। প্রত্যেক পাত্রের স্বতন্ত্র নাম এবং ইতিহাস। কত যে তার যত্ন, সে বলা যায় না।

সমস্ত ব্যাপারটা এই। শরীরকে মনকে একান্ত সংযত করে নিরাসক্ত প্রশান্ত মনে সৌন্দর্যকে নিজের প্রকৃতির মধ্যে গ্রহণ করা। ভোগীর ভোগোন্মাদ নয়; কোথাও লেশমাত্র উচ্ছৃঙ্খলতা বা অমিতাচার নেই; মনের উপরতলায় সর্বদা যেখানে নানা স্বার্থের আঘাতে, নানা প্রয়োজনের হাওয়ায়, কেবলই ঢেউ উঠছে, তার থেকে দূরে সৌন্দর্যের গভীরতার মধ্যে নিজেকে সমাহিত করে দেওয়াই হচ্ছে এই চা-পান অনুষ্ঠানের তাৎপর্য।

এর থেকে বোঝা যায়, জাপানের যে-সৌন্দর্যবোধ সে তার একটা সাধনা, একটা প্রবল শক্তি। বিলাস জিনিসটা অন্তরে বাহিরে কেবল খরচ করায়, তাতেই দুর্বল করে। কিন্তু, বিশুদ্ধ সৌন্দর্যবোধ মানুষের মনকে স্বার্থ এবং বস্তুর সংঘাত থেকে রক্ষা করে। সেইজন্যেই জাপানির মনে এই সৌন্দর্যবোধ পৌরুষের সঙ্গে মিলিত হতে পেরেছে।

এই উপলক্ষে আর-একটি কথা বলবার আছে। এখানে মেয়ে-পুরুষের সামীপ্যের মধ্যে কোনো গ্লানি দেখতে পাই নে; অন্যত্র মেয়ে-পুরুষের মাঝখানে যে একটা লজ্জা-সংকোচের আবিলতা আছে, এখানে তা নেই। মনে হয়, এদের মধ্যে মোহের একটা আবরণ যেন কম। তার প্রধান কারণ, জাপানে স্ত্রী-পুরুষেরা একত্রে বিবস্ত্র হয়ে স্নান করার প্রথা আছে। এই প্রথার মধ্যে যে লেশমাত্র কলুষ নেই তার প্রমাণ এই--নিকটতম আত্মীয়েরাও এতে মনে কোনো বাধা অনুভব করে না। এমনি ক'রে এখানে স্ত্রী পুরুষের দেহ পরস্পরের দৃষ্টিতে কোনো মায়াকে পালন করে না। দেহ সম্বন্ধে উভয় পক্ষের মন খুব স্বাভাবিক। অন্য দেশের কলুষদৃষ্টি ও দুষ্টবুদ্ধির খাতিরে আজকাল শহরে এই নিয়ম উঠে যাচ্ছে। কিন্তু, পাড়াগাঁয়ে এখনো এই নিয়ম চলিত আছে। পৃথিবীতে যত সভ্য দেশ আছে তার মধ্যে কেবল জাপান মানুষের দেহ সম্বন্ধে যে মোহমুক্ত, এটা আমার কাছে খুব একটা বড়ো জিনিস বলে মনে হয়।

অথচ আশ্চর্য এই যে, জাপানের ছবিতে উলঙ্গ স্ত্রীমূর্তি কোথাও দেখা যায় না। উলঙ্গতার গোপনীয়তা ওদের মনে রহস্যজাল বিস্তার করে নি ব'লেই এটা সম্ভবপর হয়েছে। আরো একটা জিনিস দেখতে পাই। এখানে মেয়েদের কাপড়ের মধ্যে নিজেকে স্ত্রীলোক বলে বিজ্ঞাপন দেবার কিছুমাত্র চেষ্টা নেই। প্রায় সর্বত্রই মেয়েদের বেশের মধ্যে এমন কিছু ভঙ্গি থাকে যাতে বোঝা যায়, তারা বিশেষভাবে পুরুষের মোহদৃষ্টির প্রতি দাবি রেখেছে। একানকার মেয়েদের কাপড় সুন্দর, কিন্তু সে কাপড়ে দেহের পরিচয়কে ইঙ্গিতের দ্বারা দেখাবার কোনো চেষ্টা নেই। জাপানিদের মধ্যে চরিত্রদৌর্বল্য যে কোথাও নেই তা আমি বলছি নে, কিন্তু স্ত্রীপুরুষের সম্বন্ধকে ঘিরে তুলে প্রায় সকল সভ্যদেশেই মানুষ যে একটা কৃত্রিম মোহপরিবেষ্টন রচনা করেছে

জাপানির মধ্যে অন্তত তার একটা আয়োজন কম বলে মনে হল এবং অন্তত সেই পরিমাণে এখানে স্ত্রীপুরুষের সম্বন্ধ স্বাভাবিক এবং মোহমুক্ত।

আর-একটি জিনিস আমাকে বড়ো আনন্দ দেয়, সে হচ্ছে জাপানের ছোটো ছোটো ছেলেমেয়ে। রাস্তায় ঘাটে সর্বত্র এত বেশি পরিমাণে এত ছোটো ছেলেমেয়ে আমি আর কোথাও দেখি নি। আমার মনে হল, যে-কারণে জাপানিরা ফুল ভালোবাসে সেই কারণেই ওরা শিশু ভালোবাসে। শিশুর ভালোবাসায় কোনো কৃত্রিম মোহ নেই--আমরা ওদের ফুলের মতোই নিঃস্বার্থ নিরাসক্তভাবে ভালোবাসতে পারি।

কাল সকালেই ভারতবর্ষের ডাক যাবে, এবং আমরাও টোকিও যাত্রা করব। একটি কথা তোমরা মনে রেখো--আমি যেমন যেমন দেখছি তেমনি তেমনি লিখে চলেছি। এ কেবল একটা নতুন দেশের উপর চোখ বুলিয়ে যাবার ইতিহাস মাত্র। এর মধ্যে থেকে তোমরা কেউ যদি অধিক পরিমাণে, এমন কি, অল্প পরিমাণেও "বস্তুতন্ত্রতা' দাবি কর তো নিরাশ হবে। আমার এই চিঠিগুলি জাপানের ভূবৃত্তান্তরূপে পাঠ্যসমিতি নির্বাচন করবেন না, নিশ্চয় জানি। জাপান সম্বন্ধে আমি যা কিছু মতামত প্রকাশ করে চলেছি তার মধ্যে জাপান কিছু পরিমাণে আছে, আমিও কিছু পরিমাণে আছি, এইটে তোমরা যদি মনে নিয়ে পড় তা হলেই ঠকবে না। ভুল বলব না, এমন আমার প্রতিজ্ঞা নয়; যা মনে হচ্ছে বলব, এই আমার মতলব।

২২শে জৈষ্ঠ্য ১৩২৩। কোবে

১৪

যেমন যেমন দেখছি তেমনি তেমনি লিখে যাওয়া আর সম্ভব নয়। পূর্বেই লিখেছি, জাপানিরা বেশি ছবি দেয়ালে টাঙায় না, গৃহসজ্জায় ঘর ভরে ফেলে না। যা তাদের কাছে রমণীয় তা তারা অল্প করে দেখে; দেখা সম্বন্ধে এরা যথার্থ ভোগী বলেই দেখা সম্বন্ধে এদের পেটুকতা নেই। এরা জানে, অল্প করে না দেখলে পূর্ণ পরিমাণে দেখা হয় না। জাপান-দেখা সম্বন্ধেও আমার তাই ঘটছে; দেখবার জিনিস একেবারে হুড়মুড় করে চারদিক থেকে চোখের উপর চেপে পড়ছে, তাই প্রত্যেকটিকে সুস্পষ্ট করে সম্পূর্ণ করে দেখা এখন আর সম্ভব হয় না। এখন, কিছু রেখে কিছু বাদ দিয়ে চলতে হবে।

এখানে এসেই আদর অভ্যর্থনার সাইক্লোনের মধ্যে পড়ে গেছি; সেই সঙ্গে খবরের কাগজের চরেরা চারিদিকে তুফান লাগিয়ে দিয়েছে। এদের ফাঁক দিয়ে যে জাপানের আর কিছু দেখব, এমন আশা ছিল না। জাহাজে এরা ছেঁকে ধরে, রাস্তায় এরা সঙ্গে সঙ্গে চলে, ঘরের মধ্যে এরা ঢুকে পড়তে সংকোচ করে না।

এই কৌতূহলীর ভিড় ঠেলতে ঠেলতে, অবশেষে টোকিও শহরে এসে পৌঁছনো গেল। এখানে আমাদের চিত্রকর বন্ধু য়োকোয়ামা টাইক্কানের বাড়িতে এসে আশ্রয় পেলুম। এখন থেকে ক্রমে জাপানের অন্তরের পরিচয় পেতে আরম্ভ করা গেল।

প্রথমেই জুতো জোড়াটাকে বাড়ির দরজার কাছে ত্যাগ করতে হল। বুঝলুম, জুতো জোড়াটা রাস্তার, পা জিনিসটাই ঘরের। ধুলো জিনিসটাও দেখলুম এদের ঘরের নয়, সেটা বাইরের পৃথিবীর। বাড়ির ভিতরকার সমস্ত ঘর এবং পথ মাদুর দিয়ে মোড়া, সেই মাদুরের নীচে শক্ত খড়ের গদি; তাই এদের ঘরের মধ্যে যেমন পায়ের ধুলো পড়ে না তেমনি পায়ের শব্দ হয় না। দরজাগুলো ঠেলা দরজা, বাতাসে যে ধড়াধ্বড় পড়বে এমন সম্ভাবনা নেই।

আর-একটা ব্যাপার এই--এদের বাড়ি জিনিসটা অত্যন্ত অধিক নয়। দেয়াল, কড়ি, বরগা, জানলা, দরজা, যতদূর পরিমিত হতে পারে তাই। অর্থাৎ, বাড়িটা মানুষকে ছাড়িয়ে যায় নি, সম্পূর্ণ তার আয়ত্তের মধ্যে। একে মাজা-ঘষা ধোওয়া-মোছা দুঃসাধ্য নয়।

তার পরে, ঘরে যেটুকু দরকার তা ছাড়া আর কিছু নেই। ঘরে দেয়াল-মেঝে সমস্ত যেমন পরিষ্কার তেমনি ঘরের ফাঁকটুকুও যেন তক্‌তক্‌ করছে; তার মধ্যে বাজে জিনিসের চিহ্নমাত্র

পড়ে নি। মস্ত সুবিধে এই যে, এদের মধ্যে যাদের সাবেক চাল আছে তারা চৌকি টেবিল একেবারে ব্যবহার করে না। সকলেই জানে, চৌকি টেবিলগুলো জীব নয় বটে কিন্তু তারা হাত-পা-ওয়ালা। যখন তাদের কোনো দরকার নেই তখনো তারা দরকারের অপেক্ষায় হাঁ করে দাঁড়িয়ে থাকে। অতিথিরা আসছে যাচ্ছে, কিন্তু অতিথিদের এই থাপগুলি জায়গা জুড়েই আছে। এখানে ঘরের মেঝের উপরে মানুষ বসে, সুতরাং যখন তারা চলে যায় তখন ঘরের আকাশে তারা কোনো বাধা রেখে যায় না। ঘরের একধারে মাদুর নেই, সেখানে পালিশ-করা কাষ্ঠখণ্ড ঝক্‌ঝক্ করছে, সেইদিকের দেয়ালে একটি ছবি ঝুলছে, এবং সেই ছবির সামনে সেই তক্তাটির উপর একটি ফুলদানির উপরে ফুল সাজানো। ওই যে ছবিটি আছে ওটা আড়ম্বরের জন্যে নয়, ওটা দেখবার জন্যে। সেইজন্যে যাতে ওর গা ঘেঁষে কেউ না বসতে পারে, যাতে ওর সামনে যথেষ্ট পরিমাণে অব্যাহত অবকাশ থাকে, তারই ব্যবস্থা রয়েছে। সুন্দর জিনিসকে যে এরা কত শ্রদ্ধা করে, এর থেকেই তা বোঝা যায়। ফুল-সাজানোও তেমনি। অন্যত্র নানা ফুল ও পাতাকে ঠেসে একটা তোড়ার মধ্যে বেঁধে ফেলে--ঠিক যেমন করে বারুণীযোগের সময় তৃতীয়শ্রেণীর যাত্রীদের এক গাড়িতে ভরতি করে দেওয়া হয়, তেমনি--কিন্তু এখানে ফুলের প্রতি সে অত্যাচার হবার জো নেই; ওদের জন্যে থার্ডক্লাসের গাড়ি নয়, ওদের জন্যে রিজার্ভ-করা সেলুন। ফুলের সঙ্গে ব্যবহারে এদের না আছে দড়াদড়ি, না আছে ঠেলাঠেলি, না আছে হট্টগোল।

ভোরের বেলা উঠে জানলার কাছে আসন পেতে যখন বসলুম তখন বুঝলুম, জাপানিরা কেবল যে শিল্পকলায় ওস্তাদ তা নয়, মানুষের জীবনযাত্রাকে এরা একটি কলাবিদ্যার মতো আয়ত্ত করেছে। এরা এটুকু জানে যে-জিনিসের মূল্য আছে, গৌরব আছে, তার জন্যে যথেষ্ট জায়গা ছেড়ে দেওয়া চাই। পূর্ণতার জন্যে রিক্ততা সবচেয়ে দরকারি। বস্তুবাহুল্য জীবনবিকাশের প্রধান বাধা। এই সমস্ত বাড়িটিরি মধ্যে কোথাও একটি কোণেও একটু অনাদর নেই, অনাবশ্যকতা নেই। চোখকে মিছিমিছি কোনো জিনিস আঘাত করছে না, কানকে বাজে কোনো শব্দ বিরক্ত করছে না। মানুষের মন নিজেকে যতখানি ছড়াতে চায় ততখানি ছড়াতে পারে, পদে পদে জিনিসপত্রের উপরে ঠোকর খেয়ে পড়ে না।

যেখানে চারিদিকে এলোমেলো, ছড়াছড়ি, নানা জঞ্জাল, নানা আওয়াজ, সেখানে যে প্রতি মুহূর্তেই আমাদের জীবনের এবং মনের শক্তিক্ষয় হচ্ছে সে আমরা অভ্যাসবশত বুঝতে পারি নে। আমাদের চারিদিকে যা-কিছু আছে সমস্তই আমাদের প্রাণমনের কাছে কিছু-না-কিছু আদায় করছেই। যে-সব জিনিস অদরকারি এবং অসুন্দর তারা আমাদের কিছুই দেয় না, কেবল আমাদের কাছ থেকে নিতে থাকে। এমনি করে নিশিদিন আমাদের যা ক্ষয় হচ্ছে, সেটাতে আমাদের শক্তির কম অপব্যয় হচ্ছে না।

সেদিন সকালবেলায় মনে হল, আমার মন যেন কানায় কানায় ভরে উঠেছে। এতদিন যেরকম করে মনের শক্তি বহন করেছি সে যেন চালুনিতে জল ধরা, কেবল গোলমালের ছিদ্র দিয়ে সমস্ত বেরিয়ে গেছে; আর, এখানে এ যেন ঘটের ব্যবস্থা। আমাদের দেশের ক্রিয়াকর্মের কথা মনে হল। কী প্রচুর অপব্যয়। কেবলমাত্র জিনিসপত্রের গণ্ডগোল নয়--মানুষের কী চেঁচামেচি, ছুটোছুটি, গলা-ভাঙাভাঙি। আমাদের নিজের বাড়ির কথা মনে হল। বাঁকাচোরা উঁচুনিচু রাস্তার উপর দিয়ে গোরুর গাড়ি চলার মতো সেখানকার জীবনযাত্রা। যতটা চলছে তার চেয়ে আওয়াজ হচ্ছে ঢের বেশি। দরোয়ান হাঁক দিচ্ছে, বেহারাদের ছেলেরা চেঁচামেচি করছে, মেথরদের মহলে ঘোরতর ঝগড়া বেধে গেছে, মারোয়াড়ি প্রতিবেশিনীরা চীৎকার শব্দের একঘেয়ে গান ধরেছে, তার আর অন্তই নেই। আর, ঘরের ভিতরে নানা জিনিসপত্রের ব্যবস্থা এবং অব্যবস্থা--তার বোঝা কি কম। সেই বোঝা কি কেবল ঘরের মেঝে বহন করছে। তা নয়, প্রতি ক্ষণেই আমাদের মন বহন করছে। যা গোছালো তার বোঝা কম, যা অগোছালো তার বোঝা আরো বেশি, এই যা তফাত। যেখানে একটা দেশের সমস্ত লোকই কম চেঁচায়, কম জিনিস ব্যবহার করে, ব্যবস্থাপূর্বক কাজ করতে যাদের আশ্চর্য দক্ষতা, সমস্ত দেশ জুড়ে তাদের যে কতখানি শক্তি জমে উঠছে তার কি হিসেব আছে।

জাপানিরা যে রাগ করে না তা নয়, কিন্তু সকলের কাছেই একবাক্যে শুনেছি, এরা ঝগড়া করে না। এদের গালাগালির অভিধানে একটিমাত্র কথা আছে--বোকা--তার ঊর্ধ্বে এদের ভাষা পৌঁছয় না! ঘোরতর রাগারাগি মনান্তর হয়ে গেল, পাশের ঘরে তার টুঁ শব্দ পৌঁছল না, এইটি হচ্ছে জাপানি রীতি। শোকদুঃখ সম্বন্ধেও এইরকম স্তব্ধতা।

এদের জীবনযাত্রায় এই রিক্ততা, বিরলতা, মিতাচার কেবলমাত্র যদি অভাবাত্মক হত তা হলে সেটাকে প্রশংসা করবার কোনো হেতু থাকত না। কিন্তু, এই তো দেখছি--এরা ঝগড়া করে না বটে অথচ প্রয়োজনের সময় প্রাণ দিতে, প্রাণ নিতে এরা পিছপাও হয় না। জিনিসপত্রের ব্যবহারে এদের সংযম, কিন্তু জিনিসপত্রের প্রতি প্রভুত্ব এদের তো কম নয়। সকল বিষয়েই এদের যেমন শক্তি তেমনি নৈপুণ্য, তেমনি সৌন্দর্যবোধ।

এ সম্বন্ধে যখন আমি এদের প্রশংসা করেছি, তখন এদের অনেকের কাছেই শুনেছি যে, "এটা আমরা বৌদ্ধধর্মের প্রসাদে পেয়েছি। অর্থাৎ, বৌদ্ধধর্মের এক দিকে সংযম আর-এক দিকে মৈত্রী, এই যে সামঞ্জস্যের সাধনা আছে এতেই আমরা মিতাচারের দ্বারাই অমিত শক্তির অধিকার পাই। বৌদ্ধধর্ম যে মধ্যপথের ধর্ম।"

শুনে আমার লজ্জা বোধ হয়। বৌদ্ধধর্ম তো আমাদের দেশেও ছিল, কিন্তু আমাদের জীবনযাত্রাকে তো এমন আশ্চর্য ও সুন্দর সামঞ্জস্যে বেঁধে তুলতে পারে নি। আমাদের কল্পনায় ও কাজে এমনতরো প্রভূত আতিশয্য, ঔদাসীন্য, উচ্ছৃঙ্খলতা কোথা থেকে এল।

একদিন জাপানি নাচ দেখে এলুম। মনে হল, এ যেন দেহভঙ্গির সংগীত। এই সংগীত আমাদের দেশের বীণার আলাপ। অর্থাৎ, পদে পদে মীড়। ভঙ্গিবৈচিত্র্যের পরস্পরের মাঝখানে কোনো ফাঁক নেই কিম্বা কোথাও জোড়ের চিহ্ন দেখা যায় না; সমস্ত দেহ পুষ্পিত লতার মতো একসঙ্গে দুলতে দুলতে সৌন্দর্যের পুষ্পবৃষ্টি করছে। খাঁটি য়ুরোপীয় নাচ অর্ধনারীশ্বরের মতো, আধখানা ব্যায়াম, আধখানা নাচ; তার মধ্যে লম্ফঝম্প, ঘুরপাক, আকাশকে লক্ষ্য করে লাথি-ছোঁড়াছুঁড়ি আছে। জাপানি নাচ একেবারে পরিপূর্ণ নাচ। তার সজ্জার মধ্যেও লেশমাত্র উলঙ্গতা নেই। অন্য দেশের নাচে দেহের সৌন্দর্যলীলার সঙ্গে দেহের লালসা মিশ্রিত। এখানে নাচের কোনো ভঙ্গির মধ্যে লালসার ইশারামাত্র দেখা গেল না। আমার কাছে তার প্রধান কারণ এই বোধ হয় যে, সৌন্দর্যপ্রিয়তা জাপানির মনে এমন সত্য যে তার মধ্যে কোনোরকমের মিশল তাদের দরকার হয় না এবং সহ্য হয় না।

কিন্তু, এদের সংগীতটা আমার মনে হল বড়ো বেশি দূর এগোয় নি। বোধ হয় চোখ আর কান, এই দুইয়ের উৎকর্ষ একসঙ্গে ঘটে না। মনের শক্তিস্রোত যদি এর কোনো একটা রাস্তা দিয়ে অত্যন্ত বেশি আনাগোনা করে তা হলে অন্য রাস্তাটায় তার ধারা গভীর হয়। ছবি জিনিসটা হচ্ছে অবনীর, গান জিনিসটা গগনের। অসীম যেখানে সীমার মধ্যে সেখানে ছবি; অসীম যেখানে সীমাহীনতায় সেখানে গান। রূপরাজ্যের কলা ছবি, অপরূপ রাজ্যের কলা গান। কবিতা উভচর, ছবির মধ্যেও চলে, গানের মধ্যেও ওড়ে। কেননা, কবিতার উপকরণ হচ্ছে ভাষা। ভাষার একটা দিকে অর্থ, আর-একটা দিকে সুর; এই অর্থের যোগে ছবি গড়ে ওঠে, সুরের যোগে গান।

জাপানি রূপরাজ্যের সমস্ত দখল করেছে। যা-কিছু চোখে পড়ে তার কোথাও জাপানির আলস্য নেই, অনাদর নেই; তার সর্বত্রই সে একেবারে পরিপূর্ণতার সাধনা করেছে। অন্য দেশে গুণী এবং রসিকের মধ্যেই রূপরসের যে-বোধ দেখতে পাওয়া যায় এ দেশে সমস্ত জাতের মধ্যে তাই ছড়িয়ে পড়েছে। য়ুরোপে সর্বজনীন বিদ্যাশিক্ষা আছে, সর্বজনীন সৈনিকতার চর্চাও সেখানে অনেক জায়গায় প্রচলিত, কিন্তু এমনতরো সর্বজনীন রসবোধের সাধনা পৃথিবীর আর কোথাও নেই। এখানে দেশের সমস্ত লোক সুন্দরের কাছে আত্মসমর্পণ করেছে।

তাতে কি এরা বিলাসী হয়েছে। অকর্মণ্য হয়েছে? জীবনের কঠিন সমস্যা ভেদ করতে এরা কি উদাসীন কিম্বা অক্ষম হয়েছে।--ঠিক তার উলটো। এরা এই সৌন্দর্যসাধনা থেকেই মিতাচার শিখেছে; এই সৌন্দর্যসাধনা থেকেই এরা বীর্য এবং কর্মনৈপুণ্য লাভ করেছে। আমাদের দেশে একদল লোক আছে তারা মনে করে, শুষ্কতাই বুঝি পৌরুষ, এবং কর্তব্যের পথে চলবার সদুপায় হচ্ছে রসের উপবাস--তারা জগতের আনন্দকে মুড়িয়ে ফেলাকেই জগতের ভালো করা মনে করে।

য়ুরোপে যখন গেছি তখন তাদের কলকারখানা, তাদের কাজের ভিড়, তাদের ঐশ্বর্য এবং প্রতাপ খুব করে চোখে পড়েছে এবং মনকে অভিভূত করেছে। তবু, "এহ বাহ্য"। কিন্তু, জাপানে আধুনিকতার ছদ্মবেশ ভেদ করে যা চোখে পড়ে, সে হচ্ছে মানুষের হৃদয়ের সৃষ্টি। সে অহংকার নয়, আড়ম্বর নয়, সে পূজা। প্রতাপ নিজেকে প্রচার করে; এইজন্যে যতদূর পারে বস্তুর আয়তনকে বাড়িয়ে তুলে আর-সমস্তকে তার কাছে নত করতে চায়। কিন্তু, পূজা আপনার চেয়ে বড়োকে প্রচার করে, এইজন্যে তার আয়োজন সুন্দর এবং খাঁটি, কেবলমাত্র মস্ত এবং অনেক নয়। জাপান আপনার ঘরে বাইরে সর্বত্র সুন্দরের কাছে আপন অর্ঘ নিবেদন করে দিচ্ছে। এ দেশে আসবা-মাত্র সকলের চেয়ে বড়ো বাণী যা কানে এসে পৌঁছয় সে হচ্ছে, "আমার ভালো লাগল, আমি ভালোবাসলুম।" এই কথাটি দেশসুদ্ধ সকলের মনে উদয় হওয়া সহজ নয়, এবং সকলের বাণীতে প্রকাশ হওয়া আরো শক্ত। এখানে কিন্তু প্রকাশ হয়েছে। প্রত্যেক ছোটো জিনিসে, ছোটো ব্যবহারে সেই আনন্দের পরিচয় পাই। সেই আনন্দ ভোগের আনন্দ নয়, পূজার আনন্দ। সুন্দরের প্রতি এমন আন্তরিক সম্ভ্রম অন্য কোথাও দেখি নি। এমন সাবধানে, যত্নে, এমন শুচিতা রক্ষা ক'রে সৌন্দর্যের সঙ্গে ব্যবহার করতে অন্য কোনো জাতি শেখে নি। যা এদের ভালো লাগে তার সামনে এরা শব্দ করে না। সংযমই প্রচুরতার পরিচয় এবং স্তব্ধতাই গভীরতাকে প্রকাশ করে, এরা সেটা অন্তরের ভিতর থেকে বুঝেছে। এবং এরা বলে, সেই আন্তরিক বোধশক্তি বৌদ্ধধর্মের সাধনা থেকে পেয়েছে। এরা স্থির হয়ে শক্তিকে নিরোধ করতে পেরেছে বলেই সেই অক্ষুণ্ন শক্তি এদের দৃষ্টিকে বিশুদ্ধ এবং বোধকে উজ্জ্বল করে তুলেছে।

পূর্বেই বলেছি, প্রতাপের পরিচয়ে মন অভিভূত হয়, কিন্তু এখানে যে পূজার পরিচয় দেখি তাতে মন অভিভবের অপমান অনুভব করে না। মন আনন্দিত হয়, ঈর্ষান্বিত হয় না। কেননা, পূজা যে আপনার চেয়ে বড়োকে প্রকাশ করে, সেই বড়োর কাছে সকলেই আনন্দমনে নত হতে পারে, মনে কোথাও বাজে না। দিল্লিতে যেখানে প্রাচীন হিন্দুরাজার কীর্তিকলার বুকের মাঝখানে কুতুবমিনার অহংকারের মুষলের মতো খাড়া হয়ে আছে সেখানে সেই ঔদ্ধত্য মানুষের মনকে পীড়া দেয়, কিম্বা কাশীতে যেখানে হিন্দুর পূজাকে অপমানিত করবার জন্যে আরঙজীব মসজিদ

স্থাপন করেছে সেখানে না দেখি শ্রীকে, না দেখি কল্যাণকে। কিন্তু, যখন তাজমহলের সামনে গিয়ে দাঁড়াই তখন এ তর্ক মনে আসে না যে, এটা হিন্দুর কীর্তি না মুসলমানের কীর্তি। তখন একে মানুষের কীর্তি বলেই হৃদয়ের মধ্যে অনুভব করি।

জাপানের যেটা শ্রেষ্ঠ প্রকাশ সেটা অহংকারের প্রকাশ নয়, আত্মনিবেদনের প্রকাশ, সেইজন্যে এই প্রকাশ মানুষকে আহ্বান করে, আঘাত করে না। এইজন্যে জাপানে যেখানে এই ভাবের বিরোধ দেখি সেখানে মনের মধ্যে বিশেষ পীড়া বোধ করি। চীনের সঙ্গে নৌযুদ্ধে জাপান জয়লাভ করেছিল--সেই জয়ের চিহ্নগুলিকে কাঁটার মতো দেশের চারদিকে পুঁতে রাখা যে বর্বরতা, সেটা যে অসুন্দর, সে-কথা জাপানের বোঝা উচিত ছিল। প্রয়োজনের খাতিরে অনেক ক্রূর কর্ম মানুষকে করতে হয়, কিন্তু সেগুলোকে ভুলতে পারাই মনুষ্যত্ব। মানুষের যা চিরস্মরণীয়, যার জন্যে মানুষ মন্দির করে, মঠ করে, সে তো হিংসা নয়।

আমরা অনেক আচার, অনেক আসবাব য়ুরোপের কাছ থেকে নিয়েছি--সব সময়ে প্রয়োজনের খাতিরে নয়, কেবলমাত্র সেগুলো য়ুরোপীয় বলেই। য়ুরোপের কাছে আমাদের মনের এই যে পরাভব ঘটেছে অভ্যাসবশত সেজন্যে আমরা লজ্জা করতেও ভুলে গেছি। য়ুরোপের যত বিদ্যা আছে সবই যে আমাদের শেখবার, এ কথা মানি; কিন্তু যত ব্যবহার আছে সবই যে আমাদের নেবার, এ কথা আমি মানি নে। তবু, যা নেবার যোগ্য জিনিস তা সব দেশ থেকেই নিতে হবে, এ কথা বলতে আমার আপত্তি নেই। কিন্তু সেইজন্যেই, জাপানে যে-সব ভারতবাসী এসেছে তাদের সম্বন্ধে একটা কথা আমি বুঝতে পারি নে। দেখতে পাই, তারা তো য়ুরোপের নানা অনাবশ্যক নানা কুশ্রী জিনিসও নকল করেছে, কিন্তু তারা কি জাপানের কোনো জিনিসই চোখে দেখতে পায় না। তারা এখান থেকে যে-সব বিদ্যা শেখে সেও য়ুরোপের বিদ্যা, এবং যাদের কিছুমাত্র আর্থিক বা অন্যরকম সুবিধা আছে তারা কোনোমতে এখান থেকে আমেরিকায় দৌড় দিতে চায়। কিন্তু, যে-সব বিদ্যা এবং আচার ও আসবাব জাপানের সম্পূর্ণ নিজের, তার মধ্যে কি আমরা গ্রহণ করবার জিনিস কিছুই দেখি নে।

আমি নিজের কথা বলতে পারি, আমাদের জীবনযাত্রার উপযোগী জিনিস আমরা এখান থেকে যত নিতে পারি এমন য়ুরোপ থেকে নয়। তা ছাড়া জীবনযাত্রার রীতি যদি আমরা অসংকোচে জাপানের কাছ থেকে শিখে নিতে পারতুম, তা হলে আমাদের ঘরদুয়ার এবং ব্যবহার শুচি হত, সুন্দর হত, সংযত হত। জাপান ভারতবর্ষ থেকে যা পেয়েছে তাতে আজ ভারতবর্ষকে লজ্জা দিচ্ছে; কিন্তু দুঃখ এই যে, সেই লজ্জা অনুভব করবার শক্তি আমাদের নেই। আমাদের যত লজ্জা সমস্ত কেবল য়ুরোপের কাছে; তাই য়ুরোপের ছেঁড়া কাপড় কুড়িয়ে কুড়িয়ে তালি-দেওয়া অদ্ভুত

আবরণে আমরা লজ্জা রক্ষা করতে চাই। এদিকে জাপানপ্রবাসী ভারতবাসীরা বলে, জাপান আমাদের এশিয়াবাসী ব'লে অবজ্ঞা করে, অথচ আমরাও জাপানকে এমনি অবজ্ঞা করি যে, তার আতিথ্য গ্রহণ করেও প্রকৃত জাপানকে চক্ষেও দেখি নে, জাপানের ভিতর দিয়ে বিকৃত য়ুরোপকেই কেবল দেখি। জাপানকে যদি দেখতে পেতুম তা হলে আমাদের ঘর থেকে অনেক কুশ্রীতা, অশুচিতা, অব্যবস্থা, অসংযম আজ দূরে চলে যেত।

বাংলাদেশে আজ শিল্পকলার নূতন অভ্যুদয় হয়েছে, আমি সেই শিল্পীদের জাপানে আহ্বান করছি। নকল করবার জন্যে নয়, শিক্ষা করবার জন্যে। শিল্প জিনিসটা যে কত বড়ো জিনিস, সমস্ত জাতির সেটা যে কত বড়ো সম্পদ, কেবলমাত্র শৌখিনতাকে সে যে কতদূর পর্যন্ত ছাড়িয়ে গেছে--তার মধ্যে জ্ঞানীর জ্ঞান, ভক্তের ভক্তি, রসিকের রসবোধ যে কত গভীর শ্রদ্ধার সঙ্গে আপনাকে প্রকাশ করবার চেষ্টা করেছে, তা এখানে এলে তবে স্পষ্ট বোঝা যায়।

টোকিওতে আমি যে-শিল্পীবন্ধুর বাড়িতে ছিলুম সেই টাইক্কানের নাম পূর্বেই বলেছি; ছেলেমানুষের মতো তাঁর সরলতা, তাঁর হাসি তাঁর চারিদিককে হাসিয়ে রেখে দিয়েছে। প্রসন্ন তাঁর মুখ, উদার তাঁর হৃদয়, মধুর তাঁর স্বভাব। যতদিন তাঁর বাড়িতে ছিলুম, আমি জানতেই পারি নি তিনি কত বড়ো শিল্পী। ইতিমধ্যে য়োকোহামায় একজন ধনী এবং রসজ্ঞ ব্যক্তির আমরা আতিথ্য লাভ করেছি। তাঁর এই বাগানটি নন্দনবনের মতো এবং তিনিও সকল বিষয়ে এখানকারই যোগ্য। তাঁর নাম হারা। তাঁর কাছে শুনলুম, য়োকোয়ামা টাইক্কান এবং তানজান শিমোমুরা আধুনিক জাপানের দুই সর্বশ্রেষ্ঠ শিল্পী। তাঁরা আধুনিক য়ুরোপের নকল করেন না, প্রাচীন জাপানেরও না। তাঁরা প্রথার বন্ধন থেকে জাপানের শিল্পকে মুক্তি দিয়েছেন। হারার বাড়িতে টাইক্কানের ছবি যখন প্রথম দেখলুম, আশ্চর্য হয়ে গেলুম। তাতে না আছে বাহুল্য, না আছে শৌখিনতা। তাতে যেমন একটা জোর আছে তেমনি সংযম। বিষয়টা এই--চীনের একজন প্রাচীন কালের কবি ভাবে ভোর হয়ে চলেছে; তার পিছনে একজন বালক একটি বীণাযন্ত্র বহু যত্নে বহন করে নিয়ে যাচ্ছে, তাতে তার নেই; তার পিছনে একটি বাঁকা উইলো গাছ। জাপানে তিনভাগওয়ালা যে খাড়া পর্দার প্রচলন আছে সেই রেশমের পর্দার উপর আঁকা; মস্ত পর্দা এবং প্রকাণ্ড ছবি। প্রত্যেক রেখা প্রাণে ভরা। এর মধ্যে ছোটোখাটো কিম্বা জবড়জঙ্গ কিছুই নেই; যেমন উদার, তেমনি গভীর, তেমনি আয়াসহীন। নৈপুণ্যের কথা একেবারে মনেই হয় না; নানা রঙ নানা রেখার সমাবেশ নেই; দেখবামাত্র মনে হয় খুব বড়ো এবং খুব সত্য। তার পরে তাঁর ভূদৃশ্যচিত্র দেখলুম। একটি ছবি--পটের উচ্চপ্রান্তে একখানি পূর্ণ চাঁদ, মাঝখানে একটি নৌকা, নীচের প্রান্তে দুটো দেওদার গাছের ডাল দেখা যাচ্ছে; আর কিছু না, জলের কোনো রেখা পর্যন্ত নেই। জ্যোৎস্নার আলোয় স্থির জল কেবলমাত্র বিস্তীর্ণ শুভ্রতা--এটা যে জল সে কেবলমাত্র ওই

নৌকা আছে বলেই বোঝা যাচ্ছে; আর, এই সর্বব্যাপী বিপুল জ্যোৎস্নাকে ফলিয়ে তোলবার জন্যে যত কিছু কালিমা সে কেবলই ওই দুটো পাইন গাছের ডালে। ওস্তাদ এমন একটা জিনিসকে আঁকতে চেয়েছেন যার রূপ নেই, যা বৃহৎ এবং নিস্তব্ধ--জ্যোৎস্নারাত্রি--অতলস্পর্শ তার নিঃশব্দতা। কিন্তু, আমি যদি তাঁর সব ছবির বিস্তারিত বর্ণনা করতে যাই তা হলে আমার কাগজও ফুরোবে, সময়েও কুলোবে না। হারা সান সবশেষে নিয়ে গেলেন একটি লম্বা সংকীর্ণ ঘরে সেখানে এক দিকের প্রায় সমস্ত দেয়াল জুড়ে একটি খাড়া পর্দা দাঁড়িয়ে। এই পর্দায় শিমোমুরার আঁকা একটি প্রকাণ্ড ছবি। শীতের পরে প্রথম বসন্ত এসেছে; প্লাম গাছের ডালে একটাও পাতা নেই, সাদা সাদা ফুল ধরেছে, ফুলের পাপড়ি ঝরে ঝরে পড়ছে; বৃহৎ পর্দার এক প্রান্তে দিগন্তের কাছে রক্তবর্ণ সূর্য দেখা দিয়েছে, পর্দার অপর প্রান্তে প্লাম গাছের রিক্ত ডালের আড়ালে দেখা যাচ্ছে একটি অন্ধ হাতজোড় করে সূর্যের বন্দনায় রত। একটি অন্ধ, এক গাছ, এক সূর্য, আর সোনায়-ঢালা এক সুবৃহৎ আকাশ; এমন ছবি আমি কখনো দেখি নি। উপনিষদের সেই প্রার্থনাবাণী যেন রূপ ধরে আমার কাছে দেখা দিলে--তমসো মা জ্যোতির্গময়। কেবল অন্ধ মানুষের নয় অন্ধ প্রকৃতির এই প্রার্থনা, তমসো না জ্যোতির্গময়--সেই প্লাম গাছের একাগ্র প্রসারিত শাখাপ্রশাখার ভিতর দিয়ে জ্যোতির্লোকের দিকে উঠছে। অথচ, আলোয় আলোময়--তারি মাঝখানে অন্ধের প্রার্থনা।

কাল শিমোমুরার আর-একটা ছবি দেখলুম। পটের আয়তন তো ছোটো, অথচ ছবির বিষয় বিচিত্র। সাধক তার ঘরের মধ্যে বসে ধ্যান করছে; তার সমস্ত রিপুগুলি তাকে চারিদিকে আক্রমণ করেছে। অর্ধেক মানুষ অর্ধেক জন্তুর মতো তাদের আকার, অত্যন্ত কুৎসিত, তাদের কেউ বা খুব সমারোহ করে আসছে, কেউ বা আড়ালে আবডালে উঁকিঝুঁকি মারছে। কিন্তু, তবু এরা সবাই বাইরেই আছে; ঘরের ভিতরে তার সামনে সকলের চেয়ে তার বড়ো রিপু বসে আছে; তার মূর্তি ঠিক বুদ্ধের মতো। কিন্তু, লক্ষ্য করে দেখলেই দেখা যায়, সে সাঁচ্চা বুদ্ধ নয়--স্থূল তার দেহ, মুখে তার বাঁকা হাসি। সে কপট আত্মম্ভরিতা, পবিত্র রূপ ধরে এই সাধককে বঞ্চিত করছে। এ হচ্ছে আধ্যাত্মিক অহমিকা, শুচি এবং সুগম্ভীর মুক্তস্বরূপ বুদ্ধের ছদ্মবেশ ধরে আছে; একেই চেনা শক্ত, এই হচ্ছে অন্তরতম রিপু, অন্য কদর্য রিপুরা বাইরের। এইখানে দেবতাকে উপলক্ষ করে মানুষ আপনার প্রবৃত্তিকে পূজা করছে।

আমরা যাঁর আশ্রয়ে আছি, সেই হারা সান গুণী এবং গুণজ্ঞ। তিনি রসে হাস্যে ঔদার্যে পরিপূর্ণ। সমুদ্রের ধারে, পাহাড়ের গায়ে, তাঁর এই পরম সুন্দর বাগানটি সর্বসাধারণের জন্যে নিত্যই উদ্‌ঘাটিত। মাঝে মাঝে বিশ্রামগৃহ আছে; যে-খুশি সেখানে এসে চা খেতে পারে। একটা খুব লম্বা ঘর আছে, সেখানে যারা বনভোজন করতে চায় তাদের জন্যে ব্যবস্থা আছে। হারা সানের মধ্যে

কৃপণতাও নেই, আড়ম্বরও নেই, অথচ তাঁর চারদিকে সমারোহ আছে। মূঢ় ধনাভিমানীর মতো তিনি মূল্যবান জিনিসকে কেবলমাত্র সংগ্রহ করে রাখেন না; তার মূল্য তিনি বোঝেন, তার মূল্য তিনি দেন, এবং তার কাছে তিনি সম্ভ্রমে আপনাকে নত করতে জানেন।

১৫

এশিয়ার মধ্যে জাপানই এই কথাটি একদিন হঠাৎ অনুভব করলে যে, য়ুরোপ যে-শক্তিতে পৃথিবীতে সর্বজয়ী হয়ে উঠেছে একমাত্র সেই শক্তির দ্বারাই তাকে ঠেকানো যায়। নইলে তার চাকার নীচে পড়তেই হবে এবং একবার পড়লে কোনোকালে আর ওঠবার উপায় থাকবে না।

এই কথাটি যেমনি তার মাথায় ঢুকল অমনি সে আর এক মুহূর্ত দেরি করলে না। কয়েক বৎসরের মধ্যেই য়ুরোপের শক্তিকে আত্মসাৎ করে নিলে। য়ুরোপের কামান বন্দুক, কুচ-কাওয়াজ, কল-কারখানা, আপিস-আদালত, আইন-কানুন যেন কোন্ আলাদিনের প্রদীপের জাদুতে পশ্চিমলোক থেকে পূর্বলোকে একেবারে আস্ত উপড়ে এনে বসিয়ে দিলে। নতুন শিক্ষাকে ক্রমে ক্রমে সইয়ে নেওয়া, বাড়িয়ে তোলা নয়; তাকে ছেলের মতো শৈশব থেকে যৌবনে মানুষ করে তোলা নয়--তাকে জামাইয়ের মতো একেবারে পূর্ণ যৌবনে ঘরের মধ্যে বরণ করে নেওয়া। বৃদ্ধ বনস্পতিকে এক জায়গা থেকে তুলে আর-এক জায়গায় রোপণ করবার বিদ্যা জাপানের মালীরা জানে; য়ুরোপের শিক্ষাকেও তারা তেমন করেই তার সমস্ত জটিল শিকড় এবং বিপুল ডালপালা সমেত নিজের দেশের মাটিতে এক রাত্রির মধ্যে খাড়া করে দিলে। শুধু যে তার পাতা ঝরে পড়ল না তা নয়, পরদিন থেকেই তার ফল ধরতে লাগল। প্রথম কিছুদিন ওরা য়ুরোপ থেকে শিক্ষকের দল ভাড়া করে এনেছিল। অতি অল্পকালের মধ্যেই তাদের প্রায় সমস্ত সরিয়ে দিয়ে, হালে এবং দাঁড়ে নিজেরাই বসে গেছে--কেবল পালটা এমন আড় ক'রে ধরেছে যাতে পশ্চিমের হাওয়াটা তার উপরে পুরো এসে লাগে।

ইতিহাসে এত বড়ো আশ্চর্য ঘটনা আর কখনো হয় নি। কারণ, ইতিহাস তো যাত্রার পালা গান করা নয় যে, ষোলো বছরের ছোকরাকে পাকা গোঁপদাড়ি পরিয়ে দিলেই সেই মুহূর্তে তাকে নারদমুনি করে তোলা যেতে পারে। শুধু য়ুরোপে অস্ত্র ধার করলেই যদি য়ুরোপ হওয়া যেত, তা হলে আফগানিস্থানেরও ভাবনা ছিল না। কিন্তু, য়ুরোপের আসবাবগুলো ঠিকমতো ব্যবহার করবার মতো মনোবৃত্তি জাপান এক নিমেষেই কেমন করে গড়ে তুললে, সেটাই বোঝা শক্ত।

সুতরাং এ-কথা মানতেই হবে, এ জিনিস তাকে গোড়া থেকেই গড়তে হয় নি, ওটা তার একরকম গড়াই ছিল। সেইজন্যেই যেমনি তার চৈতন্য হল অমনি তার প্রস্তুত হতে বিলম্ব হল না। তার যা-কিছু বাধা ছিল সেটা বাইরের; অর্থাৎ, একটা নতুন জিনিসকে বুঝে পড়ে আয়ত্ত করে নিতে যেটুকু বাধা সেইটুকু মাত্র; তার নিজের অন্তরে কোনো বিরোধের বাধা ছিল না।

পৃথিবীতে মোটামুটি দুরকম জাতের মন আছে--এক স্থাবর, আর-এক জঙ্গম। এই মানসিক স্থাবর-জঙ্গমতার মধ্যে একটা ঐকান্তিক ভেদ আছে, এমন কথা বলতে চাই নে। স্থাবরকেও দায়ে পড়ে চলতে হয়, জঙ্গমকেও দায়ে পড়ে দাঁড়াতে হয়। কিন্তু, স্থাবরের লয় বিলম্বিত, আর জঙ্গমের লয় দ্রুত।

জাপানের মনটাই ছিল স্বভাবত জঙ্গম; লম্বা লম্বা দশকুশি তালের গাম্ভারি চাল তার নয়। এইজন্যে সে এক দৌড়ে দু-তিন শো বছর হু হু করে পেরিয়ে গেল! আমাদের মতো যারা দুর্ভাগ্যের বোঝা নিয়ে হাজার বছর পথের ধারে বটতলায় শুয়ে গড়িয়ে কাটিয়ে দিচ্ছে, তারা অভিমান করে বলে, "ওরা ভারি হালকা, আমাদের মতো গাম্ভীর্য থাকলে ওরা এমন বিশ্রীরকম দৌড়ধাপ করতে পারত না। সাঁচ্চা জিনিস কখনো এত শীঘ্র গড়ে উঠতে পারে না।"

আমরা যাই বলি-না কেন, চোখের সামনে স্পষ্ট দেখতে পাচ্ছি, এশিয়ার এই প্রান্তবাসী জাত য়ুরোপীয় সভ্যতার সমস্ত জটিল ব্যবস্থাকে সম্পূর্ণ জোরের সঙ্গে এবং নৈপুণ্যের সঙ্গে ব্যবহার করতে পারছে। এর একমাত্র কারণ, এরা যে কেবল ব্যবস্থাটাকেই নিয়েছে তা নয়, সঙ্গে সঙ্গে মনটাকেও পেয়েছে। নইলে পদে পদে অস্ত্রের সঙ্গে অস্ত্রীর বিষম ঠোকাঠুকি বেধে যেত; নইলে ওদের শিক্ষার সঙ্গে দীক্ষার লড়াই কিছুতেই মিটত না, এবং বর্ম ওদের দেহটাকে পিষে দিত।

মনের যে-জঙ্গমতার জোরে ওরা আধুনিক কালের প্রবল প্রবাহের সঙ্গে নিজের গতিকে এত সহজে মিলিয়ে দিতে পেরেছে সেটা জাপানি পেয়েছে কোথা থেকে।

জাপানিদের মধ্যে একটা প্রবাদ আছে যে, ওরা মিশ্র জাতি। ওরা একেবারে খাস মঙ্গোলীয় নয়। এমন কি, ওদের বিশ্বাস ওদের সঙ্গে আর্যরক্তেরও মিশ্রণ ঘটেছে। জাপানিদের মধ্যে মঙ্গোলীয় এবং ভারতীয় দুই ছাঁদেরই মুখ দেখতে পাই, এবং ওদের মধ্যে বর্ণেরও বৈচিত্র্য যথেষ্ট আছে। আমার চিত্রকর বন্ধু টাইক্কানকে বাঙালি কাপড় পরিয়ে দিলে, তাঁকে কেউ জাপানি বলে সন্দেহ করবে না। এমন আরো অনেককে দেখেছি।

যে-জাতির মধ্যে বর্ণসংকরতা খুব বেশি ঘটেছে তার মনটা এক ছাঁচে ঢালাই হয়ে যায় না। প্রকৃতিবৈচিত্র্যের সংঘাতে তার মনটা চলনশীল হয়ে থাকে। এই চলনশীলতায় মানুষকে অগ্রসর করে, এ কথা বলাই বাহুল্য।

রক্তের অবিমিশ্রতা কোথাও যদি দেখতে পাই, তা হলে বর্বর জাতির মধ্যে যেতে হয়। তারা পরকে ভয় করেছে, তারা অল্পপরিসর আশ্রয়ের মধ্যে লুকিয়ে লুকিয়ে নিজের জাতকে স্বতন্ত্র

রেখেছে। তাই, আদিম অস্ট্রেলিয় জাতির আদিমতা আর ঘুচল না; আফ্রিকার মধ্যদেশে কালের গতি বন্ধ বললেই হয়।

কিন্তু, গ্রীস পৃথিবীর এমন একটা জায়গায় ছিল যেখানে এক দিকে এশিয়া, এক দিকে ইজিপ্ট, এক দিকে য়ুরোপের মহাদেশ তার সঙ্গে সংলগ্ন হয়ে তাকে আলোড়িত করেছে। গ্রীকেরা অবিমিশ্র জাতি ছিল না, রোমকেরাও না। ভারতবর্ষেও অনার্যে আর্যে যে মিশ্রণ ঘটেছিল সে সম্বন্ধে কোনো সন্দেহ নেই।

জাপানিকেও দেখলে মনে হয়, তারা এক ধাতুতে গড়া নয়। পৃথিবীর অধিকাংশ জাতিই মিথ্যা করেও আপনার রক্তের অবিমিশ্রতা নিয়ে গর্ব করে; জাপানের মনে এই অভিমান কিছুমাত্র নেই। জাপানিদের সঙ্গে ভারতীয় জাতির মিশ্রণ হয়েছে, এ কথার আলোচনা তাদের কাগজে দেখেছি এবং তা নিয়ে কোনো পাঠক কিছুমাত্র বিচলিত হয় নি। শুধু তাই নয়, চিত্রকলা প্রভৃতি সম্বন্ধে ভারতবর্ষের কাছে তারা যে ঋণী সে-কথা আমরা একেবারেই ভুলে গেছি, কিন্তু জাপানিরা এই ঋণ স্বীকার করতে কিছুমাত্র কুণ্ঠিত হয় না।

বস্তুত, ঋণ তারাই গোপন করতে চেষ্টা করে--ঋণ যাদের হাতে ঋণই রয়ে গেছে, ধন হয়ে ওঠে নি। ভারতের কাছ থেকে জাপান যদি কিছু নিয়ে থাকে সেটা সম্পূর্ণ তার আপন সম্পত্তি হয়েছে। যে-জাতির মনের মধ্যে চলন-ধর্ম প্রবল সেই জাতিই পরের সম্পদকে নিজের সম্পদ করে নিতে পারে। যার মন স্থাবর, বাইরের জিনিস তার পক্ষে বিষম ভার হয়ে ওঠে; কারণ, তার নিজের অচল অস্তিত্বই তার পক্ষে প্রকাণ্ড একটা বোঝা।

কেবলমাত্র জাতিসংকরতা নয়, স্থানসংকীর্ণতা জাপানের পক্ষে একটা মস্ত সুবিধা হয়েছে। ছোটো জায়গাটি সমস্ত জাতির মিলনের পক্ষে পুটপাকের কাজ করেছে। বিচিত্র উপকরণ ভালোরকম করে গলে মিশে বেশ নিবিড় হয়ে উঠেছে। চীন বা ভারতবর্ষের মতো বিস্তীর্ণ জায়গায় বৈচিত্র্য কেবল বিভক্ত হয়ে উঠতে চেষ্টা করে, সংহত হতে চায় না।

প্রাচীনকালে গ্রীস রোম এবং আধুনিক কালে ইংলণ্ড সংকীর্ণ স্থানের মধ্যে সম্মিলিত হয়ে বিস্তীর্ণ স্থানকে অধিকার করতে পেরেছে। আজকের দিনে এশিয়ার মধ্যে জাপানের সেই সুবিধা। এক দিকে তার মানসপ্রকৃতির মধ্যে চিরকালই চলনধর্ম আছে, যে জন্য চীন কোরিয়া প্রভৃতি প্রতিবেশীর কাছ থেকে জাপান তার সভ্যতার সমস্ত উপকরণ অনায়াসে আত্মসাৎ করতে পেরেছে; আর-এক দিকে অল্পপরিসর জায়গায় সমস্ত জাতি অতি সহজেই এক ভাবে জড়িত, এক প্রাণে অনুপ্রাণিত হতে পেরেছে। তাই যে-মুহূর্তে জাপানের মস্তিষ্কের মধ্যে এই চিন্তা স্থান পেলে যে

আত্মরক্ষার জন্যে য়ুরোপের কাছ থেকে তাকে দীক্ষা গ্রহণ করতে হবে সেই মুহূর্তে জাপানের সমস্ত কলেবরের মধ্যে আকুল চেষ্টা জাগ্রত হয়ে উঠল।

য়ুরোপের সভ্যতা একান্তভাবে জঙ্গম মনের সভ্যতা, তা স্থাবর মনের সভ্যতা নয়। এই সভ্যতা ক্রমাগতই নূতন চিন্তা, নূতন চেষ্টা, নূতন পরীক্ষার মধ্যে দিয়ে বিপ্লবতরঙ্গের চূড়ায় চূড়ায় পক্ষবিস্তার করে উড়ে চলেছে। এশিয়ার মধ্যে একমাত্র জাপানের মনে সেই স্বাভাবিক চলনধর্ম থাকাতেই জাপান সহজেই য়ুরোপের ক্ষিপ্রতালে চলতে পেরেছে এবং তাতে করে তাকে প্রলয়ের আঘাত সইতে হয় নি। কারণ, উপকরণ সে যা-কিছু পাচ্ছে তার দ্বারা সে সৃষ্টি করছে; সুতরাং নিজের বর্ধিষ্ণু জীবনের সঙ্গে এ-সমস্তকে সে মিলিয়ে নিতে পারছে। সেই সমস্ত নতুন জিনিস যে তার মধ্যে কোথাও কিছু বাধা পাচ্ছে না, তা নয়, কিন্তু সচলতার বেগেই সেই বাধা ক্ষয় হয়ে চলেছে। প্রথম প্রথম যা অসংগত অদ্ভুত হয়ে দেখা দিচ্ছে ক্রমে ক্রমে তার পরিবর্তন ঘটে সুসংগতি জেগে উঠছে। একদিন যে-অনাবশ্যককে সে গ্রহণ করেছে আর-একদিন সেটাকে ত্যাগ করছে; একদিন যে আপন জিনিসকে পরের হাটে সে খুইয়েছে আর-একদিন সেটাকে আবার ফিরে নিচ্ছে। এই তার সংশোধনের প্রক্রিয়া এখনো নিত্য তার মধ্যে চলছে। যে-বিকৃতি মৃত্যুর তাকেই ভয় করতে হয়; যে-বিকৃতি প্রাণের লীলাবৈচিত্র্যে হঠাৎ এক-এক সময়ে দেখা দেয় প্রাণ আপনি তাকে সামলে নিয়ে নিজের সমে এসে দাঁড়াতে পারে।

আমি যখন জাপানে ছিলুম তখন একটা কথা বারবার আমার মনে এসেছে। আমি অনুভব করছিলুম, ভারতবর্ষের মধ্যে বাঙালির সঙ্গে জাপানির এক জায়গায় যেন মিল আছে। আমাদের এই বৃহৎ দেশের মধ্যে বাঙালিই সব প্রথমে নূতনকে গ্রহণ করেছে, এবং এখনো নূতনকে গ্রহণ ও উদ্ভাবন করবার মতো তার চিত্তের নমনীয়তা আছে।

তার একটা কারণ, বাঙালির মধ্যে রক্তের অনেক মিশল ঘটেছে; এমন মিশ্রণ ভারতের আর কোথাও হয়েছে কিনা সন্দেহ। তার পরে, বাঙালি ভারতের যে প্রান্তে বাস করে সেখানে বহুকাল ভারতের অন্য প্রদেশ থেকে বিচ্ছিন্ন হয়ে আছে। বাংলা ছিল পাণ্ডববর্জিত দেশ। বাংলা একদিন দীর্ঘকাল বৌদ্ধপ্রভাবে অথবা অন্য যে কারণেই হোক আচারভ্রষ্ট হয়ে নিতান্ত একঘরে হয়েছিল, তাতে করে তার একটা সংকীর্ণ স্বাতন্ত্র্য ঘটেছিল; এই কারণেই বাঙালির চিত্ত অপেক্ষাকৃত বন্ধনমুক্ত, এবং নূতন শিক্ষা গ্রহণ করা বাঙালির পক্ষে যত সহজ হয়েছিল এমন ভারতবর্ষের অন্য কোনো দেশের পক্ষে হয় নি। য়ুরোপীয় সভ্যতার পূর্ণ দীক্ষা জাপানের মতো আমাদের পক্ষে অবাধ নয়; পরের কৃপণ হস্ত থেকে আমরা যেটুকু পাই তার বেশি আমাদের পক্ষে দুর্লভ। কিন্তু, য়ুরোপীয় শিক্ষা আমাদের দেশে যদি সম্পূর্ণ সুগম হত তা হলে কোনো সন্দেহ নেই, বাঙালি সকল দিক থেকেই তা সম্পূর্ণ আয়ত্ত করত। আজ নানা দিক থেকে বিদ্যাশিক্ষা আমাদের পক্ষে ক্রমশই

দুর্মূল্য হয়ে উঠছে, তবু বিশ্ববিদ্যালয়ের সংকীর্ণ প্রবেশদ্বারে বাঙালির ছেলে প্রতিদিন মাথা খোঁড়াখুঁড়ি করে মরছে। বস্তুত, ভারতের অন্য সকল প্রদেশের চেয়ে বাংলাদেশে যে-একটা অসন্তোষের লক্ষণ অত্যন্ত প্রবল দেখা যায় তার একমাত্র কারণ, আমাদের প্রতিহত গতি। যা-কিছু ইংরেজি তার দিকে বাঙালির উদ্‌বোধিত চিত্ত একান্ত প্রবলবেগে ছুটেছিল; ইংরেজের অত্যন্ত কাছে যাবার জন্যে আমরা প্রস্তুত হয়েছিলুম--এ সম্বন্ধে সকলরকম সংস্কারের বাধা লঙ্ঘন করবার জন্যে বাঙালিই সর্বপ্রথমে উদ্যত হয়ে উঠেছিল। কিন্তু, এইখানে ইংরেজের কাছেই যখন বাধা পেল তখন বাঙালির মনে যে প্রচণ্ড অভিমান জেগে উঠল সেটা হচ্ছে তার অনুরাগেরই বিকার।

এই অভিমানই আজ নবযুগের শিক্ষাকে গ্রহণ করবার পক্ষে বাঙালির মনে সকলের চেয়ে বড়ো অন্তরায় হয়ে উঠেছে। আজ আমরা যে-সকল কূটতর্ক ও মিথ্যা যুক্তি দ্বারা পশ্চিমের প্রভাবকে সম্পূর্ণ অস্বীকার করবার চেষ্টা করছি সেটা আমাদের স্বাভাবিক নয়। এইজন্যেই সেটা এমন সুতীব্র, সেটা ব্যাধির প্রকোপের মতো পীড়ার দ্বারা এমন করে আমাদের সচেতন করে তুলেছে।

বাঙালির মনের এই প্রবল বিরোধের মধ্যেও তার চলনধর্মই প্রকাশ পায়। কিন্তু, বিরোধ কখনো কিছু সৃষ্টি করতে পারে না। বিরোধে দৃষ্টি কলুষিত ও শক্তি বিকৃত হয়ে যায়। যত বড়ো বেদনাই আমাদের মনে থাক্, এ কথা আমাদের ভুললে চলবে না যে, পূর্ব ও পশ্চিমের মিলনের সিংহদ্বার উদ্‌ঘাটনের ভার বাঙালির উপরেই পড়েছে। এইজন্যেই বাংলার নবযুগের প্রথম পথপ্রবর্তক রামমোহন রায়। পশ্চিমকে সম্পূর্ণ গ্রহণ করতে তিনি ভীরুতা করেন নি, কেননা, পূর্বের প্রতি তাঁর শ্রদ্ধা অটল ছিল। তিনি যে-পশ্চিমকে দেখতে পেয়েছিলেন সে তো শস্ত্রধারী পশ্চিম নয়, বাণিজ্যজীবী পশ্চিম নয়, সে হচ্ছে জ্ঞানে-প্রাণে-উদ্ভাসিত পশ্চিম।

জাপান য়ুরোপের কাছ থেকে কর্মের দীক্ষা আর অস্ত্রের দীক্ষা গ্রহণ করেছে। তার কাছ থেকে বিজ্ঞানের শিক্ষাও সে লাভ করতে বসেছে। কিন্তু, আমি যতটা দেখেছি তাতে আমার মনে হয়, য়ুরোপের সঙ্গে জাপানের একটা অন্তরতর জায়গায় অনৈক্য আছে। যে গূঢ় ভিত্তির উপরে য়ুরোপের মহত্ত্ব প্রতিষ্ঠিত সেটা আধ্যাত্মিক। সেটা কেবলমাত্র কর্মনৈপুণ্য নয়, সেটা তার নৈতিক আদর্শ। এইখানে জাপানের সঙ্গে য়ুরোপের মূলগত প্রভেদ। মনুষ্যত্বের যে-সাধনা অমৃতলোককে মানে এবং সেই অভিমুখে চলতে থাকে, যে-সাধনা কেবলমাত্র সামাজিক ব্যবস্থার অঙ্গ নয়, যে-সাধনা সাংসারিক প্রয়োজন বা স্বজাতিগত স্বার্থকেও অতিক্রম ক'রে আপনার লক্ষ্য স্থাপন করেছে, সেই সাধনার ক্ষেত্রে ভারতের সঙ্গে য়ুরোপের মিল যত সহজ জাপানের সঙ্গে তার মিল তত সহজ নয়। জাপানি সভ্যতার সৌধ এক-মহলা--সেই হচ্ছে তার সমস্ত শক্তি এবং দক্ষতার

নিকেতন। সেখানকার ভাণ্ডারে সবচেয়ে বড়ো জিনিস যা সঞ্চিত হয় সে হচ্ছে কৃতকর্মতা; সেখানকার মন্দিরে সবচেয়ে বড়ো দেবতা স্বাদেশিক স্বার্থ। জাপান তাই সমস্ত য়ুরোপের মধ্যে সহজেই আধুনিক জর্মনির শক্তি-উপাসক নবীন দার্শনিকদের কাছ থেকে মন্ত্র গ্রহণ করতে পেরেছে; নীট্‌ঝের গ্রন্থ তাদের কাছে সবচেয়ে সমাদৃত। তাই আজ পর্যন্ত জাপান ভালো করে স্থির করতেই পারলে না--কোনো ধর্মে তার প্রয়োজন আছে কিনা, এবং ধর্মটা কী। কিছুদিন এমনও তার সংকল্প ছিল যে, সে খৃস্টানধর্ম গ্রহণ করবে। তখন তার বিশ্বাস ছিল যে, য়ুরোপ যে ধর্মকে আশ্রয় করেছে সেই ধর্ম হয়তো তাকে শক্তি দিয়েছে, অতএব খৃস্টানিকে কামান-বন্দুকের সঙ্গে সঙ্গেই সংগ্রহ করা দরকার হবে। কিন্তু, আধুনিক য়ুরোপে শক্তিউপাসনার সঙ্গে সঙ্গে কিছুকাল থেকে এই কথাটা ছড়িয়ে পড়েছে যে, খৃস্টানধর্ম স্বভাব-দুর্বলের ধর্ম, তা বীরের ধর্ম নয়। য়ুরোপ বলতে শুরু করেছিল, যে-মানুষ ক্ষীণ তারই স্বার্থ নম্রতা ক্ষমা ও ত্যাগধর্ম প্রচার করা। সংসারে যারা পরাজিত সে-ধর্মে তাদেরই সুবিধা; সংসারে যারা জয়শীল সে-ধর্মে তাদের বাধা। এই কথাটা জাপানের মনে সহজেই লেগেছে। এইজন্যে জাপানের রাজশক্তি আজ মানুষের ধর্মবুদ্ধিকে অবজ্ঞা করছে। এই অবজ্ঞা আর-কোনো দেশে চলতে পারত না; কিন্তু জাপানে চলতে পারছে তার কারণ জাপানে এই বোধের বিকাশ ছিল না এবং সেই বোধের অভাব নিয়েই জাপান আজ গর্ব বোধ করছে--সে জানছে, পরকালের দাবি থেকে সে মুক্ত, এইজন্যই ইহকালে সে জয়ী হবে।

জাপানের কর্তৃপক্ষেরা যে-ধর্মকে বিশেষরূপে প্রশ্রয় দিয়ে থাকেন সে হচ্ছে শিন্তো ধর্ম। তার কারণ, এই ধর্ম কেবলমাত্র সংস্কারমূলক, আধ্যাত্মিকতামূলক নয়। এই ধর্ম রাজাকে এবং পূর্বপুরুষদের দেবতা ব'লে মানে। সুতরাং স্বদেশাসক্তিকে সুতীব্র করে তোলবার উপায়-রূপে এই সংস্কারকে ব্যবহার করা যেতে পারে।

কিন্তু, য়ুরোপীয় সভ্যতা মঙ্গোলীয় সভ্যতার মতো এক-মহলা নয়। তার একটি অন্তরমহল আছে। সে অনেক দিন থেকেই কিংডম্‌ অব্‌ হেভ্‌ন্‌কে স্বীকার করে আসছে। সেখানে নম্র যে সে জয়ী হয়; পর যে সে আপনার চেয়ে বেশি হয়ে ওঠে। কৃতকর্মতা নয়, পরমার্থই সেখানে চরম সম্পদ। অনন্তের ক্ষেত্রে সংসার সেখানে আপনার সত্য মূল্য লাভ করে।

য়ুরোপীয় সভ্যতার এই অন্তরমহলের দ্বার কখনো কখনো বন্ধ হয়ে যায়, কখনো কখনো সেখানকার দীপ জ্বলে না। তা হোক, কিন্তু এ মহলের পাকা ভিত; বাইরের কামান গোলা এর দেয়াল ভাঙতে পারবে না; শেষ পর্যন্তই এ টিঁকে থাকবে এবং এইখানেই সভ্যতার সমস্ত সমস্যার সমাধান হবে।

আমাদের সঙ্গে য়ুরোপের আর-কোথাও যদি মিল না থাকে, এই বড়ো জায়গায় মিল আছে। আমরা অন্তরতম মানুষকে মানি--তাকে বাইরের মানুষের চেয়ে বেশি মানি। যে জন্ম মানুষের দ্বিতীয় জন্ম, তার মুক্তির জন্ম, তার জন্যে আমরা বেদনা অনুভব করি। এই জায়গায়, মানুষের এই অন্তরমহলে য়ুরোপের সঙ্গে আমাদের যাতায়াতের একটা পথচিহ্ন দেখতে পাই। এই অন্তরমহলে মানুষের যে-মিলন সেই মিলনই সত্য মিলন। এই মিলনের দ্বার উদ্‌ঘাটন করবার কাজে বাঙালির আহ্বান আছে, তার অনেক চিহ্ন অনেকদিন থেকেই দেখা যাচ্ছে।

বৈশাখ - জ্যৈষ্ঠ্য ১৩২৩

****

Made in the USA
Monee, IL
30 August 2021

76881547R00046